Bibliothèque Politique et Economique

DAVID JAYNE HILL

AMBASSADEUR DES ÉTATS-UNIS

LA CRISE DE LA DÉMOCRATIE aux États-Unis

TRADUIT DE L'ANGLAIS PAR Mme ÉMILE BOUTROUX

PRÉFACE DE M. ÉMILE BOUTROUX
DE L'ACADÉMIE FRANÇAISE

PAYOT & Cie, PARIS
106, Bd SAINT-GERMAIN, 106

1918

Deuxième mille.

LA Crise de la Démocratie
Aux États-Unis

DU MÊME AUTEUR

La Reconstruction de l'Europe, 1 vol. in-16. **4 fr. 50**

DAVID JAYNE HILL
ANCIEN AMBASSADEUR DES ÉTATS-UNIS A BERLIN

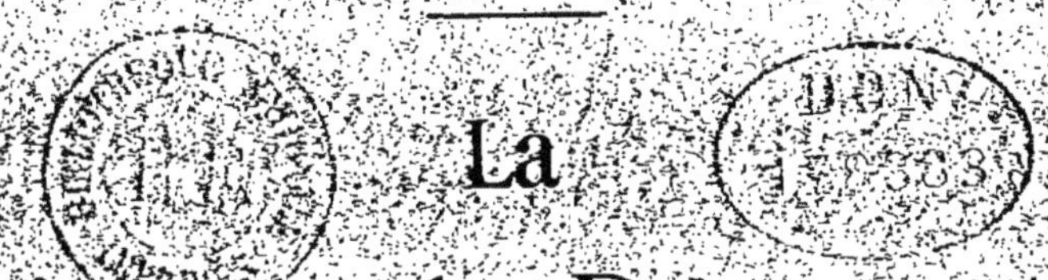

La Crise de la Démocratie Aux États-Unis

Traduit de l'anglais par Madame Émile BOUTROUX

PRÉFACE DE M. ÉMILE BOUTROUX
de l'Académie française

PAYOT & Cie, PARIS
106, BOULEVARD SAINT-GERMAIN, 106

1918

LETTRE-PRÉFACE

CHER DOCTEUR HILL,

Il vous plaît de vous souvenir des confiantes et libres conversations que nous eûmes tant de fois ensemble, ici ou sur les bords du lac de Genève, et de souhaiter que je vous fasse part de quelques-unes des réflexions que me suggère la lecture de votre ouvrage : Americanism as it is (1). *C'est avec empressement que je réponds à votre affectueuse invi-*

1. « Qu'est-ce que l'Américanisme ? » A ce titre, qui n'éveillerait pas dans l'esprit d'un Français une idée suffisamment précise, on a cru pouvoir en substituer un, qui, d'après l'auteur lui-même, indique le principal problème traité dans son ouvrage.

tation ; car désormais, entre citoyens français et citoyens des Etats-Unis, l'intimité des relations n'est plus seulement un agrément exquis de l'existence, c'est un besoin, c'est une nécessité, c'est un devoir. La camaraderie de combat, pour des nations qui s'appellent les Etats-Unis et la France, ne saurait être fondée, comme elle l'est chez certainesautres nations, sur l'appât d'une proie commune : elle ne peut résulter que d'une communauté de vues sur les fins idéales de la vie humaine.

Il n'est guère de sujet dont la portée soit plus haute que celui auquel est consacré le présent ouvrage. Car ce sujet n'est rien de moins que le conflit des intérêts les plus hauts qui s'imposent à l'humanité : les droits de l'individu et les droits de la société ; le maintien des conquêtes morales du passé, et la nécessité de faire face aux tâches du pré-

sent et de l'avenir ; la volonté de rester soi-même, et l'étroite solidarité qui existe désormais entre tous les peuples de la terre ; l'idéal de la vie humaine, et l'adaptation indispensable aux conditions données de l'existence et de la subsistance. Le conflit que vous étudiez affecte toutes les nations, et la nôtre en particulier, non moins que la Nation américaine. En sorte que la lecture de votre livre plonge notre esprit dans un abîme de réflexions. Je ne veux, pour aujourd'hui, que vous dire combien sont émouvantes les descriptions que vous nous faites de la crise morale et politique qui semble menacer actuellement votre pays.

Les Etats-Unis se sont constitués dans des conditions exceptionnelles. Tandis que les nations de l'Ancien-Monde, depuis très longtemps, sont astreintes à vivre dans des espaces restreints et en quelque sorte fermés, et sont entourées de nations rivales ou ennemies, dont chacune rêve de s'agrandir aux dépens de ses voisines, les colons des Etats-Unis se mouvaient, à l'origine, dans des espaces sans fin, et n'avaient à redouter la compétition d'aucune nation étrangère. L'Océan, alors immense, les séparait du monde des conquêtes et des guerres incessantes. Dans de telles conditions, l'individu, comme tel, fut naturellement le principe et la fin de l'organisation politique. L'Etat, à mesure qu'il se constitua, fut établi, par les individus, pour les individus. Et il s'établit d'une façon solide, parce que les promoteurs de l'Union avaient, inné en leur conscience, ce double principe : l'indépendance radicale de chaque homme à l'égard des autres hommes, et sa dépendance à l'égard de Dieu, c'est-à-dire de la loi de justice et de liberté.

Mais voici que les conditions de la vie,

telles que, de temps immémorial, elles existent dans l'ancien monde, menacent de s'étendre au nouveau. L'espace commence à s'y restreindre ; la facilité de s'élever par son travail et son intelligence menace de n'être plus égale pour tous. Et, dans les conflits armés des peuples de l'ancien monde, les Etats-Unis, en vertu de leur attachement même aux principes de liberté, de justice et de paix, se trouvent, bon gré mal gré, engagés.

L'organisation qui a suffi à des colons individualistes, jaloux, avant tout, de déployer librement leur activité, et dispensés de se défendre contre des nations étrangères, se montrera-t-elle capable de répondre, non seulement aux revendications des travailleurs, mais encore aux besoins et aux ambitions légitimes d'une grande nation, consciente de son unité, de son génie, du rôle qu'il lui appartient de jouer dans le monde, et, par là même, décidée à lutter, jusqu'à la victoire totale, contre les ennemis irréconciliables de son idéal de liberté et de justice, qui viennent de manifester si insolemment leur prétention d'asservir le monde entier ?

Diplomate avisé, vous avez les yeux ouverts, vous voyez les choses telles qu'elles sont, non telles que vous aimeriez à les voir. Et vous constatez que le principe même de la Constitution Américaine, cette idée, que l'homme possède des droits innés et inviolables, dont la sauvegarde est la première raison d'être de l'Etat, rencontre, aujourd'hui, de différents côtés, des contradictions inquiétantes.

En présence de ce mouvement d'opinion, vous vous livrez, en toute conscience, à un double travail. D'une part, vous vous appli-

quez à définir, dans toute leur précision, les principes qui ont créé les Etats-Unis et qui ont présidé à leur développement, inouï dans l'histoire de l'humanité. D'autre part, vous cherchez s'il est vrai que, pour s'adapter à ses conditions nouvelles d'existence, l'Union américaine soit obligée de renoncer aux principes qui ont créé sa conscience nationale, et qui constituent son originalité dans le monde. Et votre conclusion est qu'il y a deux manières d'entendre l'adaptation : on peut, passivement, se laisser modeler par les conditions extérieures, sans se demander si, dans cette évolution, on demeure fidèle à soi-même et à son idéal. On peut aussi, selon la parole d'un grand ancien, estimer qu'il ne vaudrait plus la peine de vivre, si, pour garder la vie, on perdait ce qui en fait le prix, et, dès lors, se tenir prêt à lutter, jusqu'au bout, non seulement pour vivre, mais pour conserver le legs de vertu, les principes de grandeur morale, que nous ont transmis nos ancêtres, et qui constituent notre dignité. Entre ces deux partis vous n'hésitez pas. L'Amérique est une nation virile, qui aime l'effort, la lutte et la réalisation. C'est lui faire injure que de lui présenter comme incompatibles le maintien de sa personnalité et l'adaptation à ses conditions d'existence.

Certes, elle persistera à vivre dans le présent, et à se conformer aux conditions présentes de l'existence, cette nation qui, tout de suite, a reconnu son esprit dans ce vers d'un de ses poètes nationaux : Act, act in the living present. *Mais elle ne sacrifiera, pour cela, rien de son passé, rien de ses généreuses traditions, rien de son haut idéal. Bien au contraire, toutes les ressources, toutes les forces, tous les moyens d'action qu'avec une puis-*

sance de réalisation incomparable elle a su accumuler, elle les consacrera, sans réserve, à la défense du droit et de la liberté, à l'extinction, dans le monde, de l'absolutisme et de l'esprit de domination, sous toutes ses formes, sous tous ses déguisements.

« Il y a, en chacun de nous, écrivez-vous dans le présent ouvrage, autre chose que le désir d'être bien nourri et bien vêtu, et de mener une vie confortable. Nous sentons, nous savons qu'il existe quelque chose de plus important que nos appétits et nos désirs. Sentir que nous sommes une portion d'une vie plus large, que cette fin supérieure a le droit de nous commander, et que nous ne saurions, à moins d'y obéir, réaliser notre moi véritable : voilà ce qui seul fait de nous des hommes. »

Je croyais, en écrivant ce qui précède, ne considérer, de votre livre, que ce qui concerne spécialement les Etats-Unis ; mais je m'aperçois que je me suis trompé. Là même où vous ne parlez qu'à vos compatriotes, la leçon nous touche nous-mêmes directement. Ne luttons-nous pas, avec vous, comme vous, pour faire reconnaître, en ce monde, non comme une conception d'idéologues, mais comme une réalité inviolable, les droits de l'homme et du citoyen, les droits des nations ?

Plus je médite votre livre, plus je sens qu'il doit être cher à quiconque croit à la possibilité et au devoir d'adapter le progrès des lumières et de la civilisation à l'accomplissement des destinées morales et idéales de l'humanité.

Agréez, je vous prie, cher Docteur Hill, l'assurance de mon reconnaissant souvenir et de mon cordial attachement.

EMILE BOUTROUX

Paris, 7 janvier 1918.

PRÉFACE DE L'AUTEUR

Ce petit livre est destiné à montrer, aussi clairement que possible, quels sont les traits originaux et distinctifs de la doctrine politique des Etats-Unis, et comment ces traits manifestent d'une façon caractéristique l'esprit américain ou *Américanisme.*

On pourra varier d'opinion quant à la valeur et à l'importance de ce caractère spécialement américain, mais tout le monde sera d'accord pour le définir comme nous le définissons nous-même.

On arrive vite, en tout cas, par la méthode d'exclusion, à déterminer quelles sont les conditions qui n'ont exercé aucune influence sur la genèse de l'esprit américain. On ne peut soutenir qu'il résulte de la race, car, dès le début, notre pays a été peuplé par des colons d'origines très différentes. Chez les uns les qualités naturelles se sont conservées, presque sans aucun changement ; chez les autres elles ont été modifiées par suite du mélange des races ; mais on peut dire qu'au point de vue ethnologique, il n'existe pas de type essentiellement américain.

Il serait également inexact de faire résulter le caractère américain de notre situation géographique. Il existe chez nous, il est vrai, une grande variété d'habitudes, de mœurs, de coutumes, selon les différents États. Mais l'esprit américain s'est, en quelque sorte, superposé à ces caractères locaux.

Toutefois, tous ceux qui vivent aux États-Unis, ou qui y sont nés, ne sauraient être, sans exception, considérés comme des Américains, au sens que, plus ou moins consciemment, nous donnons à ce mot. Nous sentons que nous ne commettons pas une erreur de langage, lorsque nous disons d'un homme qui affiche certaines idées qu'il n'est pas Américain, qu'il est même tout le contraire d'un Américain.

Quand nous parlons de nous assimiler les nouveaux éléments qui entrent dans notre population, nous employons volontiers un mot particulier, celui d'*américanisation*. Qu'entendons-nous par cette transformation?

Nous avons inauguré aux Etats-Unis une manière nouvelle d'estimer la valeur de l'homme, qui nous a conduits à une nouvelle conception de la vie. Il nous est devenu très difficile de comprendre ce qui se passe en Europe, et il est totalement impossible pour les Européens de comprendre ce qui se passe chez nous. Nous avons, notamment au cours de ces dernières années, importé une foule d'idées isolées, venant d'Europe ; mais elles ne se sont pas adaptées à notre propre conception de la vie.

Cela s'explique aisément. Nos principes fondamentaux sont entièrement différents des principes européens : ils en sont même le contre-pied. Nous avons depuis longtemps renoncé à un grand nombre d'idées qui sont restées sacrées aux yeux de tout Européen. Si nous étions gouvernés par une dynastie de rois héréditaires ; si nous avions une religion d'Etat ; si, en vertu d'une tradition se transmettant d'une génération à l'autre, nous étions soumis, corps et âmes, à toutes les exigences de l'Etat ; si nous étions environnés d'ennemis puissants, peut-être, alors, comprendrions-nous bien des choses qui se font en Europe, et qui nous paraissent déraisonnables, pour ne pas dire insensées. Il nous arrive même parfois d'oublier que nos premières manifestations, en tant que peuple — et nous avons la prétention d'être déjà vieux — ont consisté dans une révolte ouverte, héroïque et sanglante contre les idées qui régnaient en Europe.

Mais l'esprit américain n'est pas purement négatif : c'est une force positive et créatrice. Il part de cette idée, que l'individu a une valeur intrinsèque et qu'il possède le droit inné de développer et amener à maturité ses forces naturelles, ainsi que de recueillir le fruit de ses efforts. Sa valeur réelle ne peut pas se mesurer à ce qu'il a, mais bien à ce qu'il est et peut devenir. Or il peut devenir tout ce que sa capacité et ses efforts lui permettront d'être.

Une telle conception de la vie repose sur la valeur de l'individu, mais, d'après l'opinion la plus récente et peut-être la plus répandue, ni l'individu, ni ses droits, ni ses capacités, ni ses responsabilités ne doivent être pris au sérieux. Le progrès que nous visons aujourd'hui ne peut être atteint grâce au développement de l'individu : il doit être réalisé par la société, et au profit de la société. On oublie trop, dans cette nouvelle théorie, que l'idée de société est un concept purement abstrait, et que la société ne possède aucune qualité naturelle la rendant capable d'initiative ou de progrès. Il est considéré comme illégitime, actuellement, de prendre la défense de l'individu. Et pourtant, l'individu représente la seule force motrice dont dispose la société.

On pousse même la réaction contre la doctrine américaine jusqu'à prétendre faussement que l'individualisme est une forme de l'égoïsme. L'individualisme, au contraire, est le seul fondement sur lequel puisse s'appuyer le devoir que nous avons de respecter les droits des autres hommes.

Voilà l'essence de la doctrine américaine, telle qu'on peut l'extraire de ses origines historiques.

La Crise de la Démocratie
Aux États-Unis

CHAPITRE PREMIER

LA CONCEPTION AMÉRICAINE DE L'ÉTAT

Si, ainsi que le suppose la doctrine impérialiste, l'Etat était vraiment une entité supérieure, distincte des individus dont il se compose, et si cette entité pouvait assurer aux hommes une protection vigilante, ceux-ci auraient parfaitement raison de s'y soumettre sans réserve. Une semblable entité, toutefois, n'existe pas. La vérité est que, dans les communautés civilisées, les hommes adoptent entre eux un système de relations relativement fixes et légales, et que l'on donne à ce système le nom d'Etat. Mais, ce qui nous apparaît comme réel, ce n'est pas l'Etat lui-même, qui, nulle part, ne tombe sous les sens : c'est le gouvernement, c'est-à-dire le groupe d'hommes qui prétendent agir au nom de l'Etat.

Nous sommes tous, sans doute, respectueux des droits et de l'autorité de l'Etat, lesquels, au point de vue abstrait, sont si évidents qu'ils ne pourraient être niés ; et nous considérons que la plus noble des vertus humaines est le dévouement à ses intérêts. C'est l'Etat qui établit l'ordre et la justice parmi les hommes. Sans lui, la vie et la propriété des individus ne jouiraient d'aucune sécurité. Un peuple n'est digne de respect qu'autant qu'il est prêt à se sacrifier à l'Etat ;

car c'est l'Etat qui libère l'individu de la vie purement animale et le transporte de la sphère de la sensation dans celle de l'action historique à longue portée. Les meilleurs parmi les individus ne sont que comme les feuilles d'un arbre. Ils poursuivent leurs fins pendant une saison, puis disparaissent. L'Etat, au contraire, est comparable à l'arbre : il continue à vivre ; et, à travers les étés ensoleillés et les hivers tempétueux, ses racines pénètrent plus profondément dans le sol et ses branches s'élèvent plus haut dans le ciel. Il symbolise la croissance sans limite, la persévérance dans les fins, le progrès ininterrompu. Et les feuilles qu'il a ainsi fait pousser jusqu'au ciel seraient heureuses de venir mourir à ses pieds, si, par là, elles pouvaient lui donner une sève nouvelle et lui assurer une vie plus riche !

Un tel raisonnement semble plausible à

première vue. L'Etat, quand on le conçoit bien, a incontestablement plus de valeur que l'individu, et, si l'un des deux devait être sacrifié, il est évident que ce ne serait pas l'Etat. Non seulement l'importance des intérêts dont il a la garde, mais encore son caractère intrinsèque en tant qu'organe de la justice, devraient lui conférer des droits prépondérants. Devons-nous admettre, toutefois, que cette noble prérogative qui fait de l'Etat le gardien de nos libertés et de nos droits les plus sacrés, suffise à dispenser les personnes qui le représentent d'agir conformément aux principes juridiques en vue desquels il existe ?

Aux yeux de tout homme de bon sens il reste inexplicable que l'Etat, qui se pique d'être le gardien des droits de l'humanité, puisse se mettre au-dessus des lois ordinaires de la morale. On se refuse à comprendre pourquoi un même acte, qui est tenu pour criminel quand il émane d'un individu, deviendrait une occasion de réjouissances publiques et une source de fierté nationale quand il émane d'un gouvernement. « Comment, se demande-t-on, l'Etat peut-il avec logique exiger de moi l'honnêteté dans mes paroles et dans mes actes, et, en ce qui le concerne, non seulement user lui-même d'une diplomatie équivoque, mais exiger que je sacrifie ma vie pour soutenir une telle diplomatie ? Comment l'Etat, qui m'inflige la peine de mort si je tue mon ennemi personnel dont j'ai souffert un mal réel, peut-il, d'autre part, m'ordonner de contribuer à tuer des innocents qui n'ont fait de mal à personne et ne réclament que leur tranquillité ? Pourquoi l'Etat punirait-il le vol, le pillage et l'assassinat à l'intérieur de ses frontières, et forcerait-il en même temps ses sujets ou ses citoyens à prendre part à l'invasion et à la conquête de territoires qui ne lui appartiennent pas, à ravager des propriétés privées et à faire mourir des non-combattants à l'aide d'explosifs ou de bombardements aériens ? En un mot, d'où tire-t-il le droit de se réserver le monopole de la violence, et de faire impunément ce pourquoi les individus sont condamnés et punis, sans s'appuyer sur aucune juridiction, sans avoir aucune preuve de la culpabilité de l'adversaire ou de son intention de nuire, sans donner de prétexte valable à sa conduite, voire même sans fournir d'autre prétexte que son désir de s'agrandir et de s'attirer de la gloire ? »

Au point de vue éthique la distinction entre morale privée et morale publique ne se justifie pas. Mais ce n'est pas, tout d'abord, d'une question d'éthique qu'il s'agit : c'est d'une question de fait historique. Le privilège d'user de la force armée pour toute fin qu'il juge utile est une prérogative traditionnelle de l'Etat souverain. Ce qui ne veut pas dire que chaque communauté d'hommes possède le droit intrinsèque d'employer la violence envers toutes les autres communautés analogues, mais bien que, dans les conditions où la société humaine se trouve placée aujourd'hui, il n'y a pas d'autre moyen d'empêcher une nation de faire la guerre à une autre, si elle en a envie, que de lui opposer la force à elle-même. En un mot, on ne peut agir sur un Etat souverain contre sa volonté que par l'emploi de la force armée, et, en principe, tous les Etats ont un droit égal à user de ce moyen. La question est de savoir l'idée que chacun d'eux se fait de son devoir.

Si nous nous arrêtons un instant pour étudier les origines de l'Etat, nous voyons qu'au début ce n'était pas une institution morale, pas plus qu'il n'était destiné à exercer la justice. C'était une entreprise de rapine, résultant, soit de la tyrannie intérieure qu'une classe privilégiée imposait à une classe de serfs, soit de la tyrannie extérieure d'un voisin qui, étant le plus fort, s'emparait des territoires et des populations incapables de résister à son agression. En pareil cas tous les habitants du territoire conquis furent d'abord exterminés ; plus tard les femmes et les enfants furent gardés en esclavage ; plus tard encore la population tout entière fut épargnée, mais réduite en servitude et obligée de payer tribut au conquérant. Telle est l'histoire de tous les Etats dynastiques de l'antiquité, et, on peut le dire, de la plupart des grandes puissances qui existent aujourd'hui. Ce n'est que tout récemment, grâce, notamment, au gouvernement représentatif, que le peuple, affranchi du tribut à payer au souverain, a été considéré comme faisant partie de la nation et a obtenu le droit de suffrage.

L'origine historique de l'Etat nous fait comprendre son irresponsabilité relative. Fondé tout d'abord sur la supériorité de la force, le pouvoir absolu du gouvernement est devenu un axiome indiscuté et indiscutable. La volonté arbitraire et illimitée du chef du gouvernement a paru, par conséquent, coercitive, et on a jugé expédient de lui obéir sans retard et sans plainte.

Lorsque, par suite du progrès des idées, les philosophes commencèrent à analyser la nature de l'Etat, ils constatèrent l'existence du pouvoir absolu. Or, comme toute autorité était alors, en fait, une émanation du souverain, ils crurent découvrir l'essence et le principe directeur de l'Etat, non dans les droits intrinsèques des individus qui composent la population, mais dans l'attribut abstrait de souveraineté. Et la souveraineté ainsi conçue devint synonyme de pouvoir suprême. Partout où l'on rencontrait la souveraineté, on croyait trouver la substance de l'Etat. Etant *suprême*, elle n'était pas seulement la source de la loi ; mais, par hypothèse, elle était au-dessus de la loi, puisque toute loi procédait de la souveraineté.

C'est ainsi qu'un état de fait transitoire et anormal se trouva fortifié, perpétué, légalisé, et devint la source unique d'où découlaient toutes les lois. Car qu'est-ce qu'une loi, selon cette conception, sinon un commandement du pouvoir suprême ? Et quels droits peut avoir un individu soumis à la loi, sinon ceux que lui accorde le pouvoir suprême ? L'Etat est tout, à lui tout seul. Le sujet, et même le citoyen, d'après cette conception, ne sont que des créatures de l'Etat.

Une telle théorie identifie complètement

autorité légale et pouvoir suprême, choses très différentes en réalité. Quiconque détient le pouvoir suprême est considéré comme ayant l'autorité légale de commander. Si c'est la volonté du souverain d'ordonner la guerre, sa décision est sans appel. Les droits individuels et la morale privée sont, dans ce système, absolument subordonnés.

Il est intéressant de constater que la première protestation qui se soit élevée contre cette conception de l'Etat est partie d'Amérique et qu'on y protesterait peut-être encore plus vigoureusement aujourd'hui, non, sans doute, officiellement, dans notre gouvernement, qui, ayant reconnu l'existence de la Société des Etats souverains, est tenu de respecter certaines traditions internationales, quelque erronées et illogiques qu'elles puissent être, mais chez nous tous, qui, en tant que citoyens individuels, pouvons librement penser, et exprimer notre opinion.

Lorsque je dis que la première protestation sur le fond de l'ancienne théorie de l'Etat est partie d'Amérique, je n'emploie pas une métaphore. Bien avant que J.-J. Rousseau écrivît *le Contrat social* et que Locke parlât d'un « Pacte civil », un groupe d'hommes très simples, qui naviguaient à travers des mers d'hiver vers des rivages inconnus pour échapper au joug trop lourd d'un gouvernement absolu, au moment d'aborder sur les côtes de ce qui s'est appelé ensuite la Nouvelle Angleterre, s'étaient alignés dans la cabine de leur petit navire et avaient signé un contrat qui exprimait une idée nouvelle de gouvernement. Ceci se passait environ trente ans avant la rédaction de la fameuse *Convention du peuple*, de 1647, par laquelle les successeurs de Cromwell essayèrent de agrantir leurs droits contre les empiétements d'un pouvoir arbitraire, en établissant une loi suprême qui devait dominer le pouvoir du Parlement lui-même. Dans le contrat signé sur le *Mayflower*, les signataires s'engageaient à rédiger pour eux-mêmes des lois justes et équitables, et à s'y conformer ensuite « en toute soumission et obéissance ». C'est dans cet acte qu'il faut chercher l'origine de tout gouvernement vraiment autonome. Il n'y avait rien de bien original dans le fait de rédiger et de signer un contrat ; car des engagements semblables avaient depuis longtemps été imposés à des rois ou à des empereurs à la suite de soulèvements populaires. Le levain nouveau, c'était la soumission volontaire à des lois que le peuple s'était imposées à lui-même, et le fait de voir dans cette soumission volontaire un moyen de garantir d'une façon permanente l'intégrité des droits individuels.

A cette époque, aucun nouvel Etat ne fut édifié sur cette base, car les *Pèlerins* restèrent de loyaux sujets de la couronne d'Angleterre. Mais une idée nouvelle avait été introduite dans l'esprit humain : l'idée que tout gouvernement équitable devait être fondé sur le respect des droits et des libertés individuels, et que ces droits étaient tellement sacrés que les gouvernements eux-mêmes étaient tenus de s'y subordonner, attendu que c'était d'eux, uniquement, que les gouvernements tiraient leur raison d'être.

Pour la première fois, depuis que l'Europe était sortie de la barbarie primitive, une occasion était offerte aux hommes d'exercer librement leur raison, et de l'appliquer aux problèmes fondamentaux relatifs au gouvernement sans avoir à redouter l'interférence d'un pouvoir arbitraire ou d'intérêts dynastiques quelconques. L'isolement où ils se trouvaient par rapport au vieux monde équivalait pour les colons, en effet, au retour à l'état de nature en matière de gouvernement; tandis que, sous le rapport du développement intellectuel et de l'expérience politique, ils possédaient la pleine maturité commune aux hommes civilisés de leur temps. Ils conçurent donc une théorie particulière de l'État, s'écartant, de toute la largeur de l'expérience humaine, de celle qui régnait alors dans les autres parties du monde, sans en excepter l'Angleterre.

Or, en quoi cette nouvelle conception consistait-elle ? En émigrant vers le nouveau monde, les hommes de l'époque coloniale emportaient avec eux l'héritage le plus riche et le plus noble qui ait jamais existé. Ils possédaient les traditions du gouvernement représentatif anglais et l'idée des garanties de la personne humaine contenues dans la *Magna Charta* et exprimées par un engagement solennel, stipulant « que jamais un homme libre ne serait pris, emprisonné, dépouillé de ses biens ou de ses libertés, privé de ses coutumes indépendantes, mis hors la loi, exilé, ou ruiné en quelque manière, si ce n'est en conformité avec un verdict régulier de ses pairs ou avec les lois de son pays ». Cet engagement avait été, depuis longtemps déjà, arraché morceau par morceau au pouvoir royal, et formait le patrimoine de tout sujet britannique. Plus tard, les derniers venus des colons importèrent en Amérique l'ensemble des principes de liberté conquis pendant la Révolution anglaise de 1688, principes pour lesquels les Anglais avaient héroïquement lutté jusqu'au jour où ils avaient définitivement triomphé de l'absolutisme des Stuarts, et où leur suprématie avait été établie. Quelques-uns de ces colons seulement avaient eu connaissance des écrits de Rousseau et des philosophes français ; mais un plus grand nombre d'entre eux avaient été initiés à la philosophie politique de J. Locke, dont le mode de raisonnement correspondait mieux aux habitudes d'esprit américaines. Pourtant, dans leurs convictions les mieux enracinées, très au-dessus du domaine des vaines théories et de l'argumentation des philosophes, se dressait, comme un sommet ensoleillé, cette vérité, évidente en soi, qu'un gouvernement juste doit être fondé sur les droits naturels des gouvernés. Si bien que, lorsque, non seulement le roi, mais encore le Parlement britannique combattirent cette vérité, l'heure de la séparation et de l'avènement d'un nouveau gouvernement avait sonné. Ces hommes trouvaient absurde que l'Etat fût une chose et que les individus qui le composent en fussent une autre. Il était également clair à leurs yeux que les individus, dans leurs relations organiques en tant que corps politique constitué, formaient, non seulement l'Etat, mais le tout de l'Etat. Car qu'est-ce que l'Etat, en dernière analyse, sinon l'union organique de tous les citoyens ? La représentation monarchique, comme la représentation parlementaire, ne sont que des institutions de l'Etat : le roi est le symbole de son unité, le Parlement, l'organe de ses délibérations. Mais ni le roi, ni le Parlement ne sauraient être le principe de son autorité, laquelle doit être rapportée au corps politique lui-même, c'est-à-dire à l'unité organique que forme un peuple homogène dont les membres s'associent pour assurer en commun la défense de leurs droits.

Où donc, dans cette nouvelle conception de l'Etat, résiderait la souveraineté ? — car le mot et l'idée étaient déjà trop solidement établis dans les traditions juridiques du monde pour disparaître entièrement.—Seuls, les Etats souverains pouvant trouver place dans la société des nations, l'Etat nouveau qu'il s'agissait de fonder devait être souverain en quelque manière, s'il voulait être reconnu indépendant. Or l'idée de souveraineté absolue, d'autorité sans limite du pouvoir suprême était précisément ce que les nouveaux législateurs se refusaient à admettre, ce qu'ils ne pouvaient accepter à aucun prix, et ce qu'aucun d'eux ne pouvait revendiquer pour lui-même, attendu qu'ils ne croyaient pas la nature humaine absolue. Ni le roi, ni le parlement, ni même les assemblées coloniales ne pouvaient jouir d'un pouvoir arbitraire. Car il existait des droits individuels que les colons entendaient protéger, des droits inaliénables, ainsi qu'ils les appelaient, qui ne devaient céder devant aucun pouvoir terrestre. En ce qui concerne les lois internationales, ils entendaient former un peuple indépendant et souverain, au même titre que les autres ; mais le droit que s'arrogent certains hommes ou certaines nations de faire ce qui leur plaît, de se mettre au-dessus de la loi, ou de déclarer que leur volonté fait loi, leur semblait ne reposer sur rien. A leurs yeux une telle prétention était une véritable usurpation.

La vraie nature de l'Etat, pensaient-ils, doit résulter des fins pour lesquelles il existe. Sur ce point toutes les colonies étaient parfaitement d'accord au moment de leur lutte pour l'indépendance. Tout ce qu'elles revendiquaient pour elles-mêmes, elles l'accordaient volontiers à toutes les autres, même aux plus petites d'entre elles, selon le principe de l'égalité. L'Etat existait pour protéger les droits et les libertés des individus. La *Consti-*

tution de Massachusetts, qui a été adoptée en 1780 et n'a jamais été rapportée, affirmait nettement dès sa première phrase, et même en des termes plus précis que ne devait le faire la *Déclaration de l'Indépendance*, que l'objet véritable de l'existence, du maintien et de l'administration du gouvernement était de donner aux individus qui composent le corps politique la faculté de jouir en toute sécurité et en toute tranquillité de leurs droits naturels et de leur part de bonheur terrestre. Et, dans la *Déclaration des Droits*, qui constitue l'article premier de cette Constitution, il est dit : « Tous les hommes ont des droits naturels, essentiels et inaliénables, au nombre desquels on doit ranger celui de jouir de la vie et de la liberté, et de défendre ses biens ; celui d'acquérir, de posséder et de protéger sa propriété ; et enfin celui de poursuivre et d'atteindre le bonheur. »

Les colonies américaines variaient grandement quant à leurs relations avec la couronne d'Angleterre, leurs idées religieuses et leurs intérêts économiques; mais toutes étaient d'accord sur les fins qu'elles assignaient à l'Etat. Elles pensaient que l'Etat existe pour protéger les droits et les libertés des individus. Toutes, également, participèrent à la rédaction de la *Grande Charte* qui imposait des limites précises à l'autorité royale. Toutefois, la *Grande Charte* permettait de faire tout ce qui était conforme à la volonté des législateurs, lesquels formaient presque la majorité de la population; tandis que les colons américains pensaient qu'il est des choses qui ne doivent jamais être faites, fussent-elles autorisées par les lois du pays. Il existait, selon eux, des droits humains, si essentiels pour l'individu, si précieux à conserver, si inviolables pour tout homme qui craint Dieu, que le gouvernement ne pouvait rien contre eux. Car les colons ne luttaient pas seulement contre le roi, mais aussi contre le parlement britannique. Ils n'admettaient pas que les décisions du parlement pussent être considérées comme constituant la loi, lorsqu'elles étaient contraires à certains principes fondamentaux de la justice.

Le *Stamp Act* de 1765 n'eut pas beaucoup d'importance en lui-même. Il réduisait à 100.000 livres sterling l'impôt prélevé pour l'entretien d'une armée en Amérique. Conway et Barré, dans une séance du Parlement, présentèrent des objections constitutionnelles, mais ce fut Pitt l'aîné qui se fit le principal protagoniste de l'opposition américaine contre l'acte en question. Lorsque le vote eut lieu, sa santé était si ébranlée qu'il n'avait la force, ni de tenir une plume, ni de marcher sans béquilles. Mais, dès qu'il fut capable de monter en voiture et de se faire conduire à la Chambre des Communes, en janvier 1766, après avoir déclaré que ce sujet était le plus important qui eût retenu l'attention de la Chambre depuis que, un siècle auparavant, la question s'était posée de savoir si celle-ci serait libre ou esclave, il ajouta : « Mon opinion est que ce royaume n'a aucunement le droit de prélever des impôts sur les colonies. » Puis il en vint à son fameux argument, posant en fait que la distinction entre législation et taxation est indispensable au maintien de la liberté. « Etant donné, affirmait-il, que, seule, la Chambre des Communes a le droit de voter des impôts, et que les colonies ne sont pas représentées dans le Parlement, on n'a pas le droit de taxer les colonies ». Il admettait, en revanche, que les colons, en qualité de sujets anglais, étaient soumis à la législation de la Chambre des Lords, de la Chambre des Communes et de la Couronne, c'est-à-dire des trois organes législatifs, bien qu'ils ne pussent être frappés d'impôts.

Il est juste de dire que les colons d'alors, comme certainement beaucoup d'Américains d'aujourd'hui, sans s'élever directement contre l'interprétation de la Constitution donnée par Lord Chatham, étaient opposés à la théorie politique sur laquelle elle s'appuie. Le prélèvement d'une taxe était en apparence la question en litige dans la guerre de l'Indépendance ; mais, en réalité, les colons se seraient révoltés tout aussi vigoureusement contre toute tentative du roi, des Lords ou des Communes, tendant à leur imposer une législation contraire à leurs libertés civiles et religieuses. La conception américaine de l'Etat, allait, au fond, beaucoup plus loin que la *Magna Charta*. Cette dernière se bornait à énumérer certains droits et certaines libertés qui ne pouvaient être enlevés à un Anglais qu'à la suite d'un jugement légal de ses pairs, ou conformément aux lois de son pays. Tandis que, selon la conception américaine, il existe certains droits et certaines libertés que la loi elle-même ne peut abolir ; et toute atteinte à ces droits et à ces libertés, soit qu'elle vienne d'une partie ou même de la majorité de la nation, soit qu'elle vienne du gouvernement légal, doit être condamnée au nom d'une loi supérieure et permanente.

Tel fut l'apport original et caractéristique de l'esprit américain à la théorie politique. Il posa en principe qu'il ne doit rien y avoir dans le gouvernement qui ne soit gouverné par la loi. L'absolutisme du Parlement était jugé aussi odieux que l'absolutisme du roi. Lorsque les colons américains travaillèrent à édifier leur Constitution, le problème qu'ils se posèrent fut de prévenir pour toujours le retour de l'absolutisme sous une forme quelconque, qu'il soit gouvernemental ou qu'il soit populaire, qu'il résulte de la domination de quelques individus ou qu'il résulte de la domination d'une majorité démocratique. Dans toute espèce de despotisme se cache la même avidité, la même tendance à s'emparer du pouvoir au moyen des lois : il est donc nécessaire d'opposer au despotisme une barrière de granit, absolument infranchissable.

Cette idée, entièrement nouvelle et caractérisée par ce fait que le peuple américain se l'appliquait à lui-même, a trouvé son incarnation dans les constitutions américaines. D'autres nations avaient secoué le joug des tyrans, d'autres avaient conquis leur pleine indépendance. d'autres encore avaient rendu impossible à un souverain personnel d'imposer sa volonté arbitraire ; mais jamais, jusque-là, aucun peuple n'avait volontairement posé certains principes juridiques en s'engageant à les respecter lui-même, et en s'interdisant d'y rien changer sans une délibération solennelle et un nouvel appel à la nation tout entière. Ainsi, se soumettant, selon la tradition anglaise, au jugement de leurs pairs, pour assurer la solidité du gouvernement démocratique ainsi compris, ils instituèrent des cours de justice, composées de juges impartiaux, et chargées de veiller à ce que la législation fût en conformité avec les commandements suprêmes de la loi fondamentale.

Ce système de renonciation volontaire à toute espèce de pouvoir arbitraire n'était l'invention de personne en particulier ; ce n'était pas davantage une déduction tirée d'une théorie politique quelconque : c'était, tout simplement, un résultat de l'expérience et une application du sens commun. Les colons avaient souffert de l'obéissance forcée à certaines lois iniques, et ils avaient l'habitude de trouver leurs garanties civiles dans des chartes écrites. Rien de plus naturel, donc, que de les voir, sans se livrer à de vaines spéculations, sans faire une nouvelle théorie de l'Etat, combiner spontanément leurs besoins les plus urgents avec leurs coutumes établies, et rédiger la première Constitution écrite que le monde ait connue.

Pour travailler à la suppression définitive de l'absolutisme, les habitants de Massachusetts, dans leur Constitution d'Etat, donnèrent à la théorie de Montesquieu sur la séparation et la distribution des pouvoirs une précision qu'elle n'avait pas eue jusque-là. « Dans le gouvernement de cette République, dit ce document, le corps législatif ne devra jamais exercer les pouvoirs exécutif et judiciaire ou l'un quelconque de ces deux pouvoirs, les agents du pouvoir exécutif ne devront pas usurper les pouvoirs législatif et judiciaire, et les cours de justice ne devront pas empiéter sur les attributions des pouvoirs législatif et exécutif : à cette condition seulement, ce seront les lois et non les hommes qui gouverneront. » Ainsi, la loi fondamentale se trouvait explicitement placée à l'abri d'un triple rempart, chacun des trois organes du gouvernement ne pouvant pas faire grand mal sans la complicité des deux autres, et chacun d'eux ayant la garde de sa sphère d'action particulière.

Mais ce qui allait encore plus radicalement contre les traditions en usage dans la Grande-Bretagne à cette époque, c'était la rupture complète opérée entre les intérêts civils et les intérêts religieux. L'intolérance en matière de religion avait été de règle aux colonies. L'absolutisme s'était obstiné à imposer l'unité dans les opinions religieuses plus que dans tout autre mode de relations entre les individus. Aucun grand gouvernement autocrate n'avait d'ailleurs négligé l'avantage qu'on trouve à dominer les hommes en faisant appel à leurs convictions religieuses ; et, depuis le temps de l'Empire romain, tous les pouvoirs politiques avaient exploité la religion, et s'en étaient servis comme d'un instrument, pour imposer l'autorité centrale. D'un autre côté, la religion, s'inclinant avec respect devant une souveraineté supérieure à l'autorité de l'Etat, s'était souvent révoltée contre les ordres arbitraires du gouvernement. Mais comment une conception de l'Etat fondée sur les droits intrinsèques des individus pourrait-elle supprimer ou négliger le plus sacré de tous les droits ? C'est donc aux Américains qu'appartient l'honneur d'avoir fondé le premier Etat moderne vraiment tolérant, en s'appuyant sur ce principe que le pouvoir civil n'a rien à voir dans les questions religieuses et n'a aucune qualité pour les régler. Et, lorsque la Constitution des Etats-Unis fut adoptée, on décida que le Congrès ne pourrait faire aucune loi se rapportant aux institutions religieuses, ni intervenir dans les questions concernant l'exercice du culte.

Nous pourrions encore citer d'autres droits personnels que le gouvernement lui-même était tenu de respecter ; mais nous nous contenterons de faire remarquer que c'est toujours dans la Constitution nationale que ces droits trouvaient leur garantie permanente.

Il importe, par suite, que tout citoyen américain comprenne bien le sens véritable et profond de la Constitution américaine. Il ne se manifeste pas, principalement, dans la forme du gouvernement et le mécanisme administratif: on le découvre dans les garanties assurées aux droits et aux libertés des individus. La doctrine de Rousseau, suivant laquelle la volonté du peuple serait absolue et toute loi votée par la majorité respectable, diffère des principes de la révolution américaine ; et elle n'a jamais trouvé, aux Etats-Unis, un nombre appréciable d'adhérents réfléchis et convaincus (1).

Le principe de la Constitution américaine, c'est, au contraire, que l'individu possède certains droits inhérents à la nature humaine, par exemple le droit à la vie et à la liberté, et celui de pouvoir acquérir, posséder et jouir de ses biens ; et qu'aucun gouvernement, même constitué, n'est autorisé à violer ces droits, pas plus qu'à faire des lois injustes et iniques qui ne s'appliqueraient pas également

1. Voir, en ce qui concerne les différences entre les principes des révolutions française et américaine : *The People's Government*, du même auteur, p. 41, 43, 106, 114.

à tous les citoyens, sans distinction de races, de classes ou de résidences.

Il n'est pas étonnant qu'un tel système ait rencontré avec le temps des oppositions. Les instincts égoïstes de la nature humaine, qu'il s'était proposé de combattre, lui resteront toujours hostiles. On peut toujours s'attendre à voir les individus et les classes d'hommes qui prétendent dominer, ou encore les démagogues qui cherchent à s'élever au pouvoir en s'appuyant sur une majorité numérique et sans tenir compte des droits de la minorité, employer tous les moyens possibles pour renverser un édifice constitutionnel qui les gêne. Et ces hommes-là s'efforceront toujours de détruire une à une, à l'aide d'amendements constitutionnels, les garanties établies.

Les personnes qui dirigent ou prétendent diriger un gouvernement auront toujours une tendance à voir dans l'Etat une sorte d'entité indépendante et omnipotente, qui possède un pouvoir illimité sur les citoyens. Des hommes qui, en tant qu'individus, n'oseraient pas réclamer à de plus fortunés qu'eux une partie de leurs biens, pour leur bénéfice personnel, ont l'impertinence d'affirmer que l'Etat, possédant l'autorité suprême, est en droit d'exiger qu'on lui abandonne toutes les propriétés privées afin qu'il puisse les répartir à son gré.

C'est là une forme nouvelle et subtile de l'absolutisme qui n'est pas moins despotique que la forme monarchique contre laquelle la démocratie a combattu. En somme, l'autorité démocratique peut s'exercer d'une façon arbitraire et léser les droits des minorités, tout comme un autre gouvernement autocrate; et, chez nous, où le danger monarchique n'existe pas, c'est le danger toujours présent, duquel il faut nous garder sans cesse. Le trait distinctif de la conception américaine, en ce qui concerne l'autorité publique, est qu'elle n'accorde de pouvoir illimité à aucune forme de gouvernement, fût-ce une majorité démocratique. C'est précisément de la tyrannie des démocraties que les fondateurs de notre République se sont le plus méfiés, et ce sont les droits naturels de l'individu qu'ils ont eu en vue de protéger. Ils ne se souciaient pas d'échapper au joug du Parlement britannique, pour voir ensuite leurs libertés menacées par un autre gouvernement arbitraire.

Aujourd'hui que la Constitution a porté ses fruits ; qu'elle a fait de nous une nation libre, unie et prospère, composée de quarante-huit Etats autonomes, nous fournissant ainsi le plus vaste champ d'expérience qui jamais ait été offert aux hommes pour y vivre librement en société ; aujourd'hui que ces Etats sont réunis sous la tutelle d'une seule et même loi fondamentale, appliquée par une cour suprême, nous savons pertinemment combien nous devons apprécier un tel système.

Il n'est pas nécessaire de mentionner et de réfuter ici les raisons mises en avant par un certain nombre de théoriciens de la nouvelle génération, et tendant à modifier la forme de notre gouvernement. Mais j'ose affirmer que les fins que se proposent quelques-uns d'entre eux ne sont pas compatibles avec l'idée traditionnelle que nous nous faisons de l'Etat en Amérique, et que la réalisation de leur plan supposerait une complète répudiation de l'idéal américain tel que nous venons de le définir. J'ignore absolument quels conflits d'opinions pourront s'élever à ce sujet. Mais je crains fort que nous soyons entrés dans une période où — surtout si elle se prolonge — ce qu'il y a chez nous de plus distinctement américain, c'est-à-dire nos traditions politiques, sera en butte à des attaques perfides, tenaces, faisant appel à nos passions et à nos calculs intéressés, et où ces traditions seront sérieusement menacées.

Or il est particulièrement regrettable que des conflits s'élèvent au sujet des principes fondamentaux du droit, que l'autorité de nos cours de justice et la valeur de notre système juridique soient remises en question, que notre régime social soit jeté dans le creuset pour y être entièrement refondu, précisément dans un temps comme celui-ci, où la fidélité aux principes de justice a une si grande importance, tant pour favoriser le maintien de la paix et de l'ordre à l'intérieur de notre pays, que pour fournir à toutes les nations un terrain commun sur lequel elles puissent s'unir. Car beaucoup de personnes ont pensé, et un plus grand nombre encore ont espéré, que la conception américaine de l'Etat, attribuant l'autorité suprême aux grands principes juridiques et au règne de lois justes et équitables, pourrait servir de base à la réorganisation de la famille des nations, déchirée aujourd'hui par tant de dissensions et plongée dans un tel tourbillon de conflits meurtriers.

Sous plusieurs rapports l'exemple que nous avons donné en tant que nation a rendu au monde de précieux services. Ainsi que l'a dit Edmond Burke, il a appris à l'Angleterre comment elle devait traiter ses colonies, en leur accordant liberté et protection sous l'autorité de lois justes et équitables. Et, même à l'époque de notre grande lutte en faveur des droits individuels, Lord Chatham déclarait : « Si l'Amérique tombait, elle tomberait comme le puissant Samson, en ébranlant les piliers de l'Etat, et en entraînant tout l'édifice dans sa chute. »

La conception américaine de l'Etat a été attaquée sur tous les points, mais elle a jusqu'ici résisté à toutes les attaques. Elle a ouvert une voie féconde aux autres nations et l'on peut dire sans exagération que son développement a inauguré une ère nouvelle dans l'histoire du monde. Pourtant aucun peuple n'a jamais adopté dans leur ensemble les principes qu'elle avait suivis pour se développer. D'autres nations sont gouvernées comme l'Amérique par des constitutions écrites ; mais, dans leurs efforts pour imiter notre système, elles ont négligé les deux traits vraiment caractéristiques qui lui sont propres. Ces traits sont : 1° le fait de refuser définitivement aux majorités le droit de léser les droits et les libertés des individus ; 2° le fait de placer nos garanties constitutionnelles sous la protection du pouvoir judiciaire, de telle sorte qu'un vote des majorités ne puisse les renverser. Chez les nations dont nous parlons, le pouvoir législatif s'est trouvé ainsi théoriquement absolu et n'a pas eu pour contre-poids le pouvoir judiciaire; et c'est ce qui a pu permettre à une faction, ou à ceux-là même qui exerçaient le pouvoir exécutif, d'usurper une autorité despotique. Ces abus ont amené de fréquentes crises gouvernementales et ont parfois abouti à des dictatures personnelles.

Il est vraiment impossible d'espérer le succès d'un gouvernement, lorsque les individus qui composent la nation ne pratiquent point le respect des droits personnels et des libertés de tous. Dès qu'une disposition à nier ces droits et ces libertés, ou à imposer à la communauté une volonté arbitraire commence à prévaloir, on peut dire que le système des garanties constitutionnelles est miné en-dessous. Or, la constitution américaine est principalement caractérisée par les garanties qu'elle assure aux droits individuels. Autonomie locale pour le règlement de toutes les affaires locales ; représentation populaire pour le règlement des affaires concernant l'Etat ou la Nation ; fédération de communautés indépendantes ; synthèse des éternels principes de justice en une seule loi fondamentale ; intervention des cours de justice pour le règlement de tous les différends : tels sont les éléments essentiels de la conception américaine de l'Etat.

Peut-être, avec le temps, si l'Union américaine continue à réaliser les fins pour lesquelles elle a été conçue ; si, en dépit de certains germes de dissolution, elle prouve, par sa stabilité, son unité, sa cohérence, sa loyauté envers les principes juridiques incarnés dans sa Loi fondamentale, qu'elle est capable de durer; peut-être, alors, parviendra-t-elle à imposer au monde cette conviction que c'est en suivant son exemple qu'on arrivera à une organisation internationale fondée sur un idéal de justice et de paix.

Mais, alors même que cette conviction deviendrait générale, elle ne détruirait pas les intérêts dynastiques, les antagonismes de races, les haines traditionnelles, les souvenirs amers, les rivalités économiques, et, ce qui est plus grave, la peur et la défiance à l'égard de certaines nations qui, donnant un sanglant et honteux commentaire à l'histoire de la perversité humaine, acculent d'autres nations à la nécessité d'une guerre terrifiante, pour la seule raison que celles-ci ont eu la prétention de subsister.

Comment ces obstacles pourront-ils être surmontés ? Tant qu'une conception plus juste des fins, de l'autorité et des limites de l'Etat n'aura pas prévalu, nous aurons dans l'âme un fonds de tristesse et de doute en songeant à l'avenir de l'humanité.

Ce n'est que lorsque les hommes seront capables d'adopter des principes de justice, d'équité, de modération et d'empire sur soi ; lorsqu'ils seront résolus à conserver, respecter, aimer ces principes, et se sentiront prêts à mourir pour les défendre si cela devient nécessaire, que nous verrons poindre une lueur d'espérance sur le fond sombre de l'avenir.

Le moment n'est pas venu pour nous de concevoir une fierté et un enthousiasme patriotiques, et de nous enorgueillir du fait que nous sommes Américains. Qu'il nous suffise aujourd'hui d'éprouver une grande gratitude envers nos pères, qui, lorsqu'ils ont modelé la forme de notre gouvernement, garanti l'intégrité de nos droits naturels et établi les traditions de notre peuple, ont été plus sages encore qu'ils ne le croyaient, en nous donnant pour principal objectif, non la puissance et la gloire de l'Etat, mais le bonheur et la sécurité de l'individu.

CHAPITRE II

LA CRISE DE LA CONSTITUTION AUX ÉTATS-UNIS

La plus rude épreuve que la conception américaine ait eu jusqu'ici à subir a été une des conséquences de la guerre civile. Mais personne, alors, ne songeait à nier les principes fondamentaux sur lesquels repose la Constitution des Etats-Unis : il ne s'agissait que d'une différence dans l'interprétation des documents. La Constitution fédérale avait-elle donné naissance à une nation, ou n'avait-elle produit qu'une confédération ? Telle était la question qui divisait le Nord et le Sud.

Aujourd'hui, toutefois, nous nous trouvons en présence d'un problème beaucoup plus grave. La question qui se pose peut se résumer ainsi : la conception américaine de l'Etat repose-t-elle sur les meilleurs principes de gouvernement qui existent, ou devons-nous en chercher d'autres ?

Les gens qui réfléchissent sont généralement d'accord, en tout pays, pour penser qu'un gouvernement constitutionnel est une institution souhaitable, et représente la meilleure manière de régler les affaires humaines que les hommes aient jamais conçue.

Ils diffèrent grandement d'opinion, en revanche, sur la possibilité d'atteindre cet idéal et d'y rester fidèle. Beaucoup de personnes admettent que certains peuples manquent de la maturité nécessaire pour s'y adapter. D'autres jugent indispensable d'introduire dans le gouvernement constitutionnel quelques éléments d'absolutisme, afin de sauver la société de l'anarchie, où elle tomberait fatalement si cet idéal venait à lui manquer. Enfin, quelques-unes sont nettement opposées à cette institution, pour différents motifs, tous plus ou moins intéressés.

Les dangers que court la conception américaine du gouvernement constitutionnel ne tiennent pas, d'ailleurs, à l'opposition de ses ennemis, car, sur le terrain de la libre discussion, elle serait parfaitement de taille à se défendre. Ses véritables ennemis — et ceux-ci sont nombreux — ni ne l'attaquent ni ne lui résistent ouvertement, mais, tout en prétendant être ses amis, voire même ses avocats, ils répudient en secret et pervertissent intentionnellement ses principes fondamentaux.

Contrairement à la politique du pouvoir absolu, qu'il s'est proposé de détruire, le gouvernement constitutionnel des États-Unis repose sur la garantie de droits égaux pour tous les citoyens, sans distinction de personnes ou de classes. Cette garantie est confiée à la garde de pouvoirs séparés mais coordonnés entre eux, et remise aux mains d'officiers publics, librement choisis par le peuple et périodiquement rééligibles. En faisant de la vie, de la liberté et de la propriété individuelles, les éléments du droit inaliénable, le système de gouvernement des Américains tend principalement à préserver ces biens essentiels contre toute espèce de violation.

La simple analyse d'un tel système montre quels peuvent être ses ennemis naturels. Ce sont tous ceux qui se proposent de faire de l'Etat leur esclave personnel, quelle que soit sa forme, et qui, en s'abritant derrière les pouvoirs publics, cherchent à favoriser leurs propres intérêts, ou les intérêts de la classe à laquelle ils appartiennent, aux dépens de la communauté.

Les hommes peuvent être classés en amis ou ennemis de l'idéal américain en matière de gouvernement constitutionnel, selon l'attitude qu'ils prennent vis-à-vis du principe fondamental qui sert de base à notre Constitution. Ce principe étant que des garanties égales et appropriées, assurant l'inviolabilité de la vie, de la liberté et de la propriété individuelles, doivent être offertes à tous les citoyens, quiconque tend, à l'aide de lois d'exception, à favoriser les uns au détriment des autres peut être considéré comme un ennemi du système américain. Le système américain, en effet, vise essentiellement à établir, sinon l'égalité des conditions, laquelle n'est pas possible, du moins l'égalité des droits.

Les moyens par lesquels les pères de la

Constitution des États-Unis comptaient obtenir et perpétuer les garanties dont nous venons de parler étaient de trois sortes :

1° Les droits inaliénables des citoyens étaient placés sous la sauvegarde d'une loi fondamentale, les mettant à l'abri du favoritisme où de la violence où peuvent tomber respectivement le pouvoir législatif et le pouvoir exécutif. Les colons américains avaient cruellement souffert des abus du pouvoir absolu. C'est à de tels abus qu'ils entendaient mettre fin en plaçant les droits permanents de l'individu hors de la portée des pouvoirs législatif et exécutif. En un mot, les agents de ces deux pouvoirs étaient eux-mêmes soumis aux restrictions ordonnées par la loi fondamentale ; et les droits à la vie, à la liberté et à la propriété ne pouvaient être enlevés à personne sans une délibération de la Cour, en présence de juges responsables chargés d'appliquer des lois égales pour tous.

2° La seconde garantie offerte aux droits innés de l'individu était dans la forme même du gouvernement. Les pouvoirs publics se trouvaient séparés de telle manière qu'aucun des organes du gouvernement ne pouvait commettre un acte d'oppression sans en porter toute la responsabilité. Le peuple pouvait voter de nouvelles lois par l'intermédiaire de ses représentants, mais le peuple lui-même ne pouvait faire aucune loi qui portât atteinte à des droits déjà consacrés et placés sous la sauvegarde de la loi fondamentale. Le rôle du pouvoir exécutif était de veiller à l'accomplissement de la loi, mais, lui aussi, il était lié par la loi, et ne pouvait agir qu'en conformité avec elle. Le rôle du pouvoir judiciaire était d'appliquer la loi ; mais il était tenu de respecter et de perpétuer les garanties offertes par la loi fondamentale.

3° Enfin le peuple américain, qui tenait la place d'un souverain personnel et exerçait le pouvoir souverain, avait fait un acte sans précédent dans l'histoire du monde : il avait renoncé librement et formellement à imposer sa volonté arbitraire aux différents organes du gouvernement, et chaque individu s'était engagé volontairement à respecter les droits des autres citoyens. Confiants dans le système qu'ils venaient d'établir, les Américains créèrent les trois organes nécessaires à l'application de la loi, en se réservant le droit d'en contrôler le fonctionnement par les moyens déjà prévus par la Constitution.

Ainsi le gouvernement était préservé des dangers de l'absolutisme sous toutes ses formes, et tendait à substituer le règne de la justice au règne du pouvoir arbitraire, c'est-à-dire des caprices, des abus, de la malveillance et de l'égoïsme.

On comprend aisément que ce système puisse être attaqué sournoisement par ceux qui, consciemment ou inconsciemment, ont intérêt à le pervertir.

Ils peuvent l'attaquer, d'abord, en altérant précipitamment la loi fondamentale qui lui sert de base. Le peuple des Etats-Unis avait foi dans la perfection relative de son système de gouvernement, et il a veillé, en général, à maintenir la stabilité de la Constitution, laquelle, effectivement, a été très peu modifiée. Celle-ci consiste principalement dans une restriction apportée au pouvoir arbitraire, et elle oppose un puissant rempart à ceux qui voudraient exploiter à leur profit les pouvoirs de l'Etat. Aussi longtemps que la Constitution demeurera intacte, elle assurera au peuple une garantie légale contre tous les abus. Les purs démagogues n'ont jamais aimé et ne pourront jamais aimer notre Constitution;

pour cette raison qu'elle ne donne pas libre cours aux ambitions personnelles. Ils préféreraient de beaucoup accorder la suprématie à la volonté populaire, à laquelle ils pourraient espérer dicter leurs propres opinions. Ils demandent doucereusement et avec une candeur tout à fait séduisante : « Qu'a-t-on besoin d'avoir une Constitution, quand on est entre amis ? »

L'analogie qui existe entre l'influence d'un démagogue et l'autorité d'un despote est fortement mise en relief par Aristote. Distinguant deux sortes de démocratie, celle où la loi est prépondérante, et celle où la volonté populaire du moment l'emporte sur la loi établie, il dit :

« Ce dernier état de choses se produit lorsque le gouvernement est plébiscitaire, c'est-à-dire soumis au suffrage populaire, et lorsqu'il ne se conforme pas à la loi. Or ceci est l'œuvre de la démagogie. Au sein des démocraties qui se soumettent à la loi on ne trouve pas de démagogues, tandis que, là où la loi n'est pas prépondérante, on en voit surgir de tous côtés. Car, en ce cas, le peuple est analogue à un monarque collectif, chacun des individus qui le composent prenant une part du pouvoir en tant que membre du corps souverain. Et un peuple de cette sorte, tout comme un souverain personnel, cherche à exercer le pouvoir absolu, afin de se dispenser d'obéir à la loi. Il prend ainsi, véritablement, le caractère d'un despote, et les flatteurs sont en honneur chez lui. Il n'y a aucune différence entre la tyrannie monarchique et la tyrannie démocratique ».

Faisant voir que la puissance des démagogues augmente à mesure que le peuple méconnaît davantage l'autorité de la loi et des magistrats qui en ont la garde, Aristote conclut : « Il semble, par conséquent, qu'on ait eu raison de dire qu'aucune démocratie de cette espèce ne mérite le nom de gouvernement constitutionnel, car, là où l'autorité suprême n'appartient pas à la loi, il ne peut exister de Constitution. Pour qu'il y ait une Constitution, il est nécessaire que le gouvernement soit administré conformément à la loi, et que les magistrats et autres autorités officiellement chargées de son exécution, décident l'application qu'on en doit faire aux différents cas. »

Sans doute, un obstacle inflexible, opposé à tout mouvement populaire d'opinion, même momentané, pourrait paraître trop absolu. Pourtant, c'est précisément grâce à cette obstruction systématique, que la Constitution peut prévenir les actes impulsifs et irréfléchis. C'est toujours un moment dangereux dans la vie d'un peuple que celui où il se propose de substituer aux garanties constitutionnelles dictées par la raison, les inspirations spontanées, désordonnées, fugitives que lui suggère son instinct, et où il s'engage dans des aventures politiques sans avoir mûrement réfléchi et délibéré.

Lorsque les circonstances se modifient, il peut devenir nécessaire de changer quelques articles particuliers de la Constitution, qui ne sont plus appropriés aux fins mêmes pour lesquelles elle a été créée. Mais aucun ami sincère ne pourrait souhaiter de voir faciliter et multiplier de semblables amendements, sans avoir bien pesé tout ce qu'ils peuvent entraîner.

Deux changements ont déjà été apportés à la Constitution, et le peuple des Etats-Unis les a passivement acceptés. La première de ces modifications a consisté à confier au suffrage du peuple tout entier la nomination des sénateurs, l'élection des sénateurs par le Corps législatif ayant donné lieu à des actes de corruption. La seconde fut l'établissement d'un impôt sur le revenu, limité jusqu'à nouvel ordre aux États qui ne lèvent pas de taxes d'importation, et destiné à faire face aux dépenses du gouvernement fédéral, tout en diminuant les droits d'importation. Cette dernière réforme supposait un changement constitutionnel, car la Constitution, telle qu'elle avait été adoptée, ordonnait la répartition proportionnelle d'un impôt direct entre les différents États, méthode qui avait été jugée impraticable. Il serait peut-être prématuré de prédire les conséquences de ces modifications. Mais on peut se demander, toutefois, si des gens incapables de se choisir de dignes représentants pour le Corps législatif parmi leurs voisins immédiats, sauront mieux découvrir des sénateurs intègres et sûrs parmi des personnes qu'ils ne connaissent guère que par des articles de journaux, articles payés d'avance, très souvent, par les intéressés eux-mêmes. D'un autre côté, il n'est pas certain que le droit de lever un impôt progressif sur le revenu, sans aucune sorte de restriction, doive devenir le privilège d'une seule classe sociale, ou d'un groupe particulier de législateurs. Si les deux expériences dont nous venons de parler déterminent un relèvement de la moralité politique et un progrès de la justice sociale, on aura lieu de s'en applaudir. Mais il n'est pas encore certain que ces résultats soient obtenus.

Un second danger que court notre Constitution est dû aux empiétements auxquels se livrent réciproquement chacune des trois grandes divisions du pouvoir public sur le terrain qui, légalement, appartient aux autres.

La conception américaine du gouvernement a toujours reposé sur l'équilibre des pouvoirs, qui permet d'éviter les excès de l'un ou de l'autre. Quand, cependant, nous envisageons les effets possibles de la concentration entre les mains d'un seul homme du pouvoir de faire passer de nouvelles lois ou d'y opposer son veto, cet homme ayant derrière lui pour l'appuyer l'énorme influence du patronage fédéral, dont il est facile de faire mauvais usage tout en faisant semblant d'agir pour le bien, nous nous sentons plus près des dangers de l'absolutisme qu'aucun des autres Etats constitutionnels existant actuellement dans le monde. On peut invoquer, en faveur de cette concentration de l'autorité, que le Président des Etats-Unis est responsable devant la Nation, et tenu, en particulier, d'exécuter les promesses qu'il a faites à la tribune devant le parti qui l'a élu.

C'est parfaitement exact. Mais les mesures, positives ou négatives, prises par le chef du pouvoir exécutif, n'ont pas toutes pour but l'accomplissement des promesses qu'il a faites à son parti. La plupart du temps il les prend, tout simplement, pour obéir à sa propre initiative qui, quelque agréable qu'elle puisse être à ceux qui en tirent profit, n'est point très conforme à l'esprit de la Constitution, et est, même, d'une légalité douteuse. Rester fidèle aux promesses faites à son parti, ou bien lancer des ballons d'essai personnels, dans un but électoral, et sans tenir compte des traditions politiques de son parti sont deux manières entièrement différentes d'exercer sa fonction officielle. Le rôle du Président est d'exécuter les lois et de travailler à l'accomplissement de ses engagements envers son parti. Mais il n'a pas la prérogative de révolutionner le gouvernement.

Toutefois, les empiétements du pouvoir exécutif au delà des limites qui lui sont assignées par la Constitution ne sont pas plus dangereux pour l'Etat que les empiétements du pouvoir législatif. Ces derniers, il est vrai, ont toujours le prétexte plausible d'émaner plus directement de la volonté populaire, principalement quand les législateurs ont reçu du peuple un mandat général. Mais il ne faudrait pas se hâter d'en conclure que leur mandat les autorise à violer la Constitution, ou à tirer dessus jusqu'à ce qu'elle casse. Il est donc indispensable que le pouvoir judiciaire, chargé d'appliquer la loi fondamentale, interprète cette loi avec liberté, équité et fidélité. Il est également très important que le pouvoir judiciaire jouisse de la confiance et de l'appui publics. Rien ne serait fatal au gouvernement constitutionnel comme les doutes que le peuple viendrait à concevoir au sujet de l'intégrité de la loyauté et de l'intelligence qui président aux arrêts de la Cour suprême. Cette dernière doit, à tout prix, demeurer libre et responsable, et être placée au faîte de l'autorité et de l'honneur. Car elle est, par essence, la gardienne de nos libertés.

Il y a une troisième manière, beaucoup plus insidieuse que les précédentes, d'attaquer notre Constitution, et les dangers qui en résultent n'échappent pas à l'observation. On manifeste chez nous, en effet, une certaine disposition à annuler l'acte de renonciation du peuple américain, par lequel chaque citoyen s'engageait à se sacrifier à l'intérêt général, et l'on semble oublier trop facilement que c'est ce trait qui a fait le succès de notre système constitutionnel. Il nous faut poser nettement la question ainsi, car c'est ce qui nous autorise à dire que le constitutionnalisme américain est en train de traverser une crise.

Nous avons déjà appelé l'attention du lecteur sur ce fait que la troisième phase du développement de la Constitution des Etats-Unis avait été marquée par la renonciation du peuple souverain au pouvoir arbitraire sous toutes ces formes. Il ne s'agissait pas d'une abdication du peuple dans sa totalité, en faveur d'une majorité, mais de l'abrogation définitive de l'absolutisme, et de l'établissement du principe suivant lequel la majorité des citoyens, elle-même, n'a pas le droit d'imposer arbitrairement sa volonté : C'était la subordination complète du caprice à la raison, des intérêts particuliers au bien général, de l'individu à l'Etat, en tant que celui-ci représente la justice organisée.

Revenir sur ce splendide sacrifice serait exposer notre système gouvernemental aux pires dangers. Or on commence à découvrir certains symptômes, indiquant que la ferme volonté qu'avaient les citoyens de respecter la propriété les uns des autres, et de vivre entre eux sur le pied d'égalité, dans l'obéissance commune à de justes lois, commence à être ébranlée.

Il ne faut pas oublier que, partout où l'on n'a pas su renoncer au pouvoir absolu, toutes les tentatives de gouvernement constitutionnel ont échoué. Si nous considérons les révolutions sanglantes qui ont ruiné sur ce continent la vie économique de plusieurs de nos Républiques sœurs, nous voyons de nombreux et frappants exemples témoignant dans le même sens. Les Républiques en question possédaient, comme nous-mêmes, une loi fondamentale, qu'elles ont souvent exprimée dans un noble langage. Elles possédaient également un programme de gouvernement qui admettait théoriquement la séparation des pouvoirs. Ces éléments d'organisation constitutionnelle n'étaient pas, toutefois, traités comme des réalités. Les ambitions personnelles, les conspirations et la révolution ont mis tout le système en échec, et l'ont souvent renversé. Au lieu de se dévouer à l'Etat et de se faire une religion du patriotisme, c'est-à-dire de se consacrer à l'Etat comme à la source même de l'ordre et de la justice, ces infortunés républicains se sont attachés à des factions dont chacune en particulier cherchait à dominer les autres par la force, et ils ont ainsi abouti à un état de perpétuelle incertitude, d'effervescence, d'anarchie et de rapine.

Nous avons actuellement un exemple de ce que produisent le règne de la volonté arbitraire et la négation de l'autorité publique, chez nos plus proches voisins du côté du Sud. Tous ceux qui connaissent personnellement des hommes d'Etat mexicains du type le plus noble, estiment leur science, leur culture, et même, souvent, leur habileté pratique. Que manque-t-il donc à ce peuple ? Il lui manque l'esprit de sacrifice, la volonté de renoncer au pouvoir arbitraire dans l'intérêt public. Et voilà pourquoi le Mexique, riche en ressources naturelles, jouissant d'une situation géographique très favorable, et ne manquant pas d'hommes capables, semble condamné à la stagnation, à la pauvreté et au discrédit : il est la proie des forces rivales, qui s'agitent au sein de l'Etat, chacune prétendant avoir le droit de gouverner, chacune étant déterminée à détruire toutes les autres.

Que cette leçon si lumineuse, faisant bien voir combien les hommes ont de peine à accepter l'autorité des principes, ne soit pas perdue pour nous, sous prétexte que nous-mêmes, jusqu'ici, nous ne sommes pas encore livrés au banditisme et divisés entre des factions opposées, au sein même de l'Etat. Il importe, au contraire, de nous demander comment il se fait que nous ne soyons pas nous-mêmes tombés dans l'anarchie, et pourquoi nous jouissons relativement de la paix, de l'ordre et de la justice, dans notre propre République, bien qu'elle soit fondée sur les mêmes principes que ses malheureuses voisines.

La réponse qu'il convient de faire à cette question n'est pas douteuse pour un homme qui réfléchit : le succès de notre gouvernement constitutionnel tient à ce que, jusqu'à ce jour, nous avons gardé le respect de notre Constitution et de notre Haute-Cour de Justice ; et à ce que, dans l'intérêt de la tranquillité publique, les individus, chez nous, ont renoncé au droit primitif de légitime défense. Certes, nous ne pensons pas toujours tous de même, mais nous nous arrangeons, en général, pour régler nos différends en faisant appel à la loi et aux Cours de justice. Enfin, nous avons maintenu jusqu'ici notre renonciation au pouvoir arbitraire, et c'est cette renonciation qui nous a permis de réussir là où d'autres ont échoué. De cette sagesse nous avons eu et nous avons encore notre récompense.

Les conditions, toutefois, demeureront-elles les mêmes ? Il y a, malheureusement, des indices faisant prévoir qu'elles pourraient bien changer si nous ne nous tenions pas sur nos gardes. Les dangers que font courir à la Constitution les deux premières tendances que nous avons constatées, bien qu'ils soient eux-mêmes sérieux, sont minimes en comparaison de cette dernière menace, car il est impossible aujourd'hui d'apporter le plus léger changement à la Constitution sans procéder à une nouvelle consultation populaire, et, par conséquent, les abus des pouvoirs législatif et exécutif, et même ceux du pouvoir judiciaire, peuvent être facilement réprimés. Mais le danger qui résulterait d'un changement dans la forme de la société serait d'une tout autre nature, et pourrait atteindre le constitutionnalisme à sa source même, par suite de la perversion de l'esprit public.

Pendant longtemps, le plus grand péril qui ait menacé la Constitution des Etats-Unis a été la possibilité d'un conflit entre les différents Etats. Ce péril semble écarté aujourd'hui, car les intérêts de tous les Etats de l'Union sont devenus tellement identiques, et leur population tellement homogène, qu'une divergence d'idées assez forte pour amener un conflit armé paraît tout à fait improbable.

Mais il existe une autre source d'antagonisme dont les effets pourraient être tout aussi désastreux et que nous avons le devoir de considérer.

Il s'est développé aux Etats-Unis, au cours de ces dernières années, un antagonisme de classes qui devient extrêmement inquiétant. Sans jeter le blâme sur aucune classe sociale en particulier, il est pourtant permis de constater ce phénomène. Une analyse minutieuse des faits conduirait d'ailleurs à répartir la responsabilité d'une manière qui déplairait, sans doute, à des partis très éloignés les uns des autres. La seule chose que l'on puisse affirmer, c'est que cet antagonisme existe, et qu'il a été stimulé par les ambitions politiques. Celles-ci trouvaient leur compte à créer dans le pays un état de malaise, et à exciter le mécontentement de certaines classes sociales contre les autres.

Le danger de la situation tient à ce qu'il ne

s'agit pas simplement d'une opposition entre des opinions individuelles et isolées, mais bien entre de puissantes organisations qui, grâce à l'accumulation de leurs forces, ont la prétention de diriger l'Etat, et de changer les lois et la Constitution en favorisant certaines classes particulières. Ce serait là prendre exactement le contre-pied de la conception américaine de l'Etat, telle que nous l'avons définie.

On a récemment fait paraître des livres tendant à démontrer que la Constitution des Etats-Unis est une construction surannée, datant du XVIIIe siècle ; qu'elle a été faite au seul profit de la classe des propriétaires, et qu'elle n'est plus aujourd'hui qu'un anachronisme. Pour la première fois, depuis qu'elle a été adoptée, elle est traitée avec un mépris manifeste. D'où vient cette opposition ? De ce que la Constitution dresse contre certaines ambitions une barrière infranchissable. Si nous cherchons bien, nous découvrons au fond de ces critiques la conviction que la volonté capricieuse et changeante de la majorité est plus digne d'exercer le gouvernement que les principes adoptés d'une façon réfléchie, sanctionnés par l'assentiment général et éprouvés par l'expérience.

Si une telle tendance venait à s'accentuer, grâce à une combinaison de pouvoirs capable, à l'occasion, de s'emparer de la direction de l'Etat d'une façon intéressée, alors notre situation ne serait pas très différente de celle du Mexique d'aujourd'hui : divisé en partis hostiles, composé de classes qui usurpent le bien les unes des autres, et placé dans l'impossibilité absolue de défendre ses intérêts et de maintenir sa dignité sur le terrain des relations internationales.

Si l'on considère la direction des forces

actuellement en activité chez nous, on est frappé de voir combien la loi y est moins respectée qu'autrefois. Cela tient certainement à l'idée qu'on se fait de l'autorité juridique. Lorsque les hommes étaient fermement convaincus de l'existence de droits inaliénables et voyaient dans la loi la gardienne de ces droits, ils étaient pleins de révérence à l'égard de celle-ci. Mais aujourd'hui que la loi ne leur apparaît plus que comme l'expression d'une volonté maîtresse, sans lien quelconque avec les droits fondamentaux de l'individu, droits dont, d'ailleurs, l'existence leur paraît indémontrable, il est difficile qu'ils la respectent, en elle-même et pour elle-même.

On est bien forcé d'avouer que si, après tout, la loi était purement arbitraire, si elle ne s'appuyait sur aucun principe de morale et si elle émanait, non de la raison, mais de la simple volonté, elle ne serait à aucun degré respectable.

Il est nécessaire que, dans la vie d'une nation, celle-ci soit appelée de temps à autre à méditer sur les principes qui sont à la base même de son existence. Jusqu'ici la génération actuelle n'a pas eu à traverser de grande crise nationale l'invitant ainsi à la réflexion. Mais la secousse qu'a éprouvée le système de nos partis gouvernementaux pourra bien provoquer une crise de cette sorte. Nous nous sommes trouvés tout à coup en face de cette grave question : Quel sera notre avenir politique? Il appartiendra à la raison et à la conscience nationale de fournir la réponse. Il nous reste seulement à déterminer dans quel sens cette réponse devra être donnée.

Le seul moyen d'éviter l'écroulement définitif de l'édifice constitutionnel construit par les fondateurs de la République, ou de remédier à une pareille calamité au cas où elle nous aurait déjà atteints dans une certaine mesure, c'est d'inspirer au peuple la ferme volonté de renoncer au pouvoir arbitraire, et de veiller à ce que la vie, la liberté, la propriété continuent à être protégées contre tous les accès d'absolutisme qui pourraient se déclarer dans l'Etat.

Pour appliquer ce remède, deux choses sont indispensables : 1° il faut que le pays étudie la tendance des forces sociales auxquelles il obéit, afin de savoir dans quelle mesure il se conforme ou ne se conforme pas à des lois justes et équitables ; 2° il faut que les citoyens éclairés unissent leurs efforts pour combattre les tendances anticonstitutionnelles.

Naturellement, dans les moments d'indécision, les hommes cherchent des chefs pour les diriger. Mais, s'ils ne se mettent pas en même temps en quête de principes, c'est en vain qu'ils auront des chefs.

Si, en présence de la dissolution des partis qui nous a amenés à nous interroger sur notre avenir politique, nous réussissons à rassembler sur un rocher hospitalier et à sauver du naufrage les droits du citoyen, tels qu'ils ont été établis par la Constitution, alors l'atmosphère s'éclaircira. Mais il nous faudra, pour cela, veiller à ce qu'aucun des Etats qui composent l'Union ne soit gouverné par des intérêts particuliers. Il nous faudra, pour assurer la prospérité de la République, renoncer à notre avantage personnel, et faire en sorte que chaque individu puisse, en toute sécurité, exercer et développer ses forces à sa guise. Nous devrons, enfin, nous efforcer d'empêcher les pouvoirs publics de tomber sous la domination arbitraire d'une classe ou d'un groupe particulier de citoyens.

La grande majorité des citoyens des Etats-Unis sont personnellement persuadés que leur système de gouvernement est excellent. Collectivement ils agissent presque toujours par l'intermédiaire de leurs grandes organisations politiques. S'il arrivait, pourtant, qu'ils cherchassent à obtenir le succès par une course au radicalisme, en essayant de se démolir les uns les autres, et en usant à qui mieux mieux du favoritisme pour se rendre maîtres des élections, sur qui, en ce cas, pourrait-on compter pour veiller au maintien des garanties constitutionnelles ?

Au moment de la guerre civile, un grand secours avait été apporté à l'Union par la création de clubs composés des citoyens les plus clairvoyants de la Nation. Ceux-ci avaient su prévoir la grande importance que devait prendre le mouvement. L'heure ne serait-elle pas venue, de s'attacher avec un intérêt analogue à la préservation du gouvernement constitutionnel ?

La prudence ne nous recommande-t-elle pas, ou plutôt ne nous commande-t-elle pas d'intervenir pour fortifier le respect dû à nos institutions ? (1)

Il nous est prouvé, aujourd'hui, que nous

1. Depuis que ces pages ont été écrites, et en grande partie à leur instigation, on a fondé *l'Association nationale pour la protection du gouvernement constitutionnel*, laquelle a son siège à Washington D. C., dans le monument du Colorado. Cette Association publie une revue trimestrielle intitulée : *la Revue constitutionnelle*. Elle est composée de jurisconsultes choisis parmi les plus éminents des Etats-Unis, et son but est défini comme il suit : « Cette Association se propose de répandre une connaissance plus complète et plus précise de la Constitution des Etats-Unis ; de faire voir quels sont les traits essentiels du gouvernement constitutionnel, tel qu'il a été conçu par les fondateurs de la République ; d'inculquer au peuple un respect plus intelligent et plus sincère de la loi fondamentale qui règne sur la Nation ; de montrer que conserver cette loi intacte est, pour l'Union, une question de vie ou de mort, et qu'il importe de veiller en première ligne au maintien des restrictions imposées au pouvoir législatif, et des garanties assurées par la Constitution à la vie, à la liberté et à la propriété individuelles. Elle s'oppose à toute modification de la Constitution, qui tendrait à détruire ou à affaiblir l'efficacité des garanties constitutionnelles, ou qui ne viendrait pas à la suite d'une mûre réflexion et d'un vote motivé du peuple tout entier. Elle s'engage, dans cette vue, à publier et faire circuler des brochures de propagande, à convoquer des assemblées publiques, à instituer des conférences, à établir des bureaux locaux, et, d'une manière générale, à travailler à la tâche qu'elle se propose, par tous les moyens qui seront prescrits périodiquement par l'Association ou par son Comité exécutif.

traversons une crise, dans laquelle l'édifice de liberté et de justice construit par nos pères pourrait bien être traîtreusement miné dans ses fondements, et cela, non pour le bien du peuple, dont l'Etat a mission de sauvegarder les droits, mais dans l'intérêt de quelques particuliers, qui auraient la prétention de dominer l'Etat et d'en faire l'instrument de leurs ambitions personnelles.

CHAPITRE III

SYMPTOMES ALARMANTS

Aucun de ceux qui ont suivi le développement politique des Etats-Unis au cours des dix dernières années ne peuvent mettre en doute qu'il se soit produit un changement radical dans les idées et les sentiments du peuple américain.

On s'est aperçu de différents côtés que l'ajustement de notre système gouvernemental à nos besoins sociaux laissait à désirer ; et, ainsi qu'il était peut-être naturel et même inévitable, les critiques sont tombées sur le système lui-même, et non sur les abus de ceux qui l'appliquaient. Si bien qu'on en a conclu trop hâtivement que la forme de notre gouvernement était caduque, et qu'une revision fondamentale s'imposait.

La passion de la vitesse, qui est une des caractéristiques de notre peuple, n'a pas manqué d'exercer une influence sur l'évolution de l'opinion populaire ; et les impulsions spontanées, les analyses sommaires ont très largement remplacé, chez nous, des principes fondamentaux, solidement mûris et toujours respectables.

A l'époque où notre gouvernement fut établi, on croyait communément à l'existence de droits individuels, si nets, si absolus et si dignes d'être défendus, qu'ils devaient être placés sous la protection de garanties aussi solides que possible. C'est dans cet esprit que furent conçues et votées les premières Constitutions des Etats, et, plus tard, la Constitution fédérale. Toutes ces Constitutions reconnaissaient explicitement, dans leur loi fondamentale, l'existence des droits individuels. Elles dressaient ainsi un obstacle infranchissable, capable d'arrêter les empiétements illégitimes des différents organes gouvernementaux. Ainsi, pour la première fois dans l'histoire du monde, la vie, la liberté et la propriété individuelles se trouvaient placées sous la protection tutélaire d'une loi assez compréhensive pour lier, à tout jamais, chacun des trois pouvoirs du gouvernement.

Un singulier exemple de ces jugements hâtifs et superficiels, qui sont à l'ordre du jour et tendent à diminuer l'importance des grands principes du droit, sous prétexte qu'ils seraient incompatibles avec les conditions actuelles et les prétendues nécessités nouvelles de la vie, nous est fourni par un écrivain qui, cependant, jouit d'une grande autorité en ce qui concerne les sciences politiques. Cet écrivain insinua, au cours d'une campagne électorale, et dans l'intention évidente de dénigrer la Constitution des États-Unis, que celle-ci avait été conçue sous l'influence de la loi de Newton. Il expliqua que les hommes de cette époque se représentaient le Congrès, la Cour suprême et le Président comme formant une sorte de système solaire, et qu'ils avaient, par suite, édifié la Constitution sur la loi de la gravitation, c'est-à-dire sur une loi purement mécanique. Tandis que, sous le régime de la liberté nouvelle qu'il promettait d'inaugurer, le gouvernement, étant un organisme vivant et non une simple machine, devait obéir, non à la loi de Newton, mais à celle de Darwin. En d'autres termes, les grands principes de la gravitation universelle, qui avaient été considérés comme primordiaux par les fondateurs de la République, devaient maintenant céder le pas à des principes moins exacts, mais plus conformes à l'évolution qui se produit dans le monde biologique.

La comparaison peut être ingénieuse, mais elle permet à peine d'avancer que le gouvernement, étant un organisme vivant, relève de Darwin et non de Newton. Quelles que soient les lois biologiques, et alors même qu'on parviendrait à les énoncer clairement, elles n'ont point remplacé et annulé la loi de la gravitation. Tous les organismes vivants du passé, du présent ou de l'avenir ont été ou seront soumis à cette loi. Et si variée, si féconde, si prodigieuse que l'on suppose la marche de l'évolution naturelle, il nous faudra toujours revenir à Newton et à ses « Principia » pour nous construire une théorie intelligible de l'univers. De même, nous serons toujours obligés de remonter aux grands principes de justice humaine sur lesquels repose notre Constitution, si nous voulons construire une théorie solide de l'État. Il est possible que nous ayons évolué, mais nous continuons pourtant à marcher selon la loi de la gravitation. Il est possible que la société ait changé, mais les grands principes de la morale sont restés la seule base solide sur laquelle elle puisse s'appuyer. Il est possible que nos idées se soient modifiées, mais les règles de la logique, indispensables à la bonne ordonnance de nos idées, sont restées les mêmes.

L'idée que nous vivons dans un siècle darwinien, et non dans un siècle newtonien, est, certes, tout à fait suggestive. Mais il ne faudrait pas en conclure que la nature ait changé ses lois, ou même que les lois de la nature soient susceptibles de changer. Cela signifie simplement que l'idée d'évolution occupe dans notre esprit une plus grande place qu'autrefois, et que, nous laissant hypnotiser par cette idée, nous perdons de vue, d'une part, les conditions du progrès dans le sens du mieux, et, d'autre part, les inconvénients que pourrait entraîner la recherche immodérée du changement pour le changement. S'il est vrai que nous vivions à une époque où l'idée d'évolution tient une place prédominante dans les esprits, nous ne devons pas oublier que jamais l'évolution n'a été rapide, et qu'elle a été, du moins dans le sens où l'entend Darwin, une adaptation lente et inconsciente des êtres vivants aux conditions naturelles de la vie, bien plus qu'une transformation prompte, consciente et voulue.

C'est ici, précisément, que la substitution des innovations à la tradition présente de grands dangers. Si nous visons à la sagesse, ou, simplement, à la rigueur scientifique, nous devons d'abord nous poser la question de savoir comment et pourquoi nos institutions politiques actuelles ont pris naissance, au lieu de commencer par faire des plans pour les démolir. Dans notre pays, plus que partout ailleurs ou à peu près, il serait fâcheux de commettre cette erreur, pour la raison que nous possédons moins de sens historique et que nous avons plus d'esprit d'initiative que tous les autres peuples. S'il ne s'agissait que d'entreprises privées, soit individuelles, soit collectives, l'inconvénient ne serait pas grand : il n'entraînerait que des pertes ou des désappointements particuliers. Mais, quand il s'agit des affaires publiques, la substitution de la passion à la réflexion méthodique, de l'action impulsive au jeu des forces disciplinées, des plans improvisés aux principes établis comporterait des dangers d'une gravité incalculable.

Ceux d'entre nous qui savent distinguer entre raison et émotion, réflexion et impulsivité, action conforme à l'expérience universelle et actes individuels et spasmodiques, se rendent compte qu'une loi fondamentale, s'opposant à la domination d'une classe, d'un parti, ou d'une opinion particulière, est la garantie indispensable de la liberté individuelle, la base nécessaire de la véritable justice sociale. Nous nous opposons sans hésitation et sans crainte aux hommes qui, pour servir des intérêts privés ou des intérêts prétendus publics, prétendraient aveuglément renverser une telle barrière. Nous pensons que tout état d'esprit qui méconnaîtrait la loi de Newton ou quelque autre loi essentielle serait néfaste pour la République. Nous admettons volontiers qu'au point de vue strictement égoïste nous aurions moins d'intérêt à défendre l'œuvre du passé qu'à lancer inconsidérément de nouveaux plans de gouvernement. Nous n'ignorons pas quel est l'attrait de la nouveauté, et nous savons que trop souvent on attribue ses misères aux règles imposées par le passé, tandis qu'elles sont, en réalité, imputables à de tout autres causes. Nous sommes parfaitement avertis que ceux qui briguent l'appui et l'admiration de leurs concitoyens ont avantage à leur annoncer la terre promise, où coulent des rivières de lait et de miel. Enfin, nous nous rendons parfaitement compte que tous ces dilettantes, qui ne risquent rien personnellement et murmurent à part soi : « Après nous le déluge ! » doivent être considérés comme une quantité négligeable lorsqu'il s'agit de faire une réforme utile ou d'éviter une catastrophe publique.

Seules les personnes qui ont le sens moral et le souci du bien public se posent aujourd'hui ce problème et en cherchent une solution désintéressée. Mais il peut être prudent, cependant, de faire voir à tous ceux qui veulent bien ouvrir les yeux les dangers qui nous menacent. Il est utile, en tout cas, d'inscrire à l'actif de notre époque que l'aveuglement et l'inertie n'étaient pas universels chez nous au moment de la dislocation, si tant est que la dislocation doive se produire et que le magnifique édifice élevé par nos pères doive s'effondrer. On peut espérer que, lorsque l'opinion publique sera suffisamment éclairée, les efforts tentés aujourd'hui pour assimiler complètement la Loi fondamentale à une loi ordinaire échoueront ; et que l'on pourra efficacement combattre la tendance, qui se manifeste, à accorder le pouvoir absolu aux majorités législatives, voire même, parfois, aux minorités populaires, lorsque la division de leurs adversaires sur un point de détail quelconque les rend momentanément maîtresses des élections. Mais, pour cela, il est indispensable que tous les citoyens aient pris conscience du danger, et que l'unité d'action remplace l'indifférence générale.

La première et principale réflexion qui nous ait été suggérée par les critiques de presse et par les lettres personnelles que nous avons reçues à l'occasion d'un article sur la crise de la Constitution (1), que nous venions de publier, c'est qu'on admet unanimement qu'il se développe chez nous une disposition à favoriser les changements constitutionnels, sans que personne parvienne à citer une seule réforme vraiment utile, qui réclame une modification de notre Loi fondamentale ou

1. *The Crisis of Constitutionalism*, dans *la North American Review*, janvier 1914.

même un changement quelconque. L'évolution qui s'accuse dans notre politique serait donc favorisée pour elle-même, et l'on n'en voudrait à notre Loi fondamentale que parce qu'elle pourrait, à l'occasion, gêner les réformes projetées par une majorité législative.

Quelle est donc cette majorité législative qui pourrait un jour se trouver gênée par la Constitution ? En réalité, elle est encore à l'état de fermentation et il est difficile de la bien connaître. Si quelques-uns des desseins qu'elle forme étaient clairement articulés, son caractère radical deviendrait trop apparent, et le moment n'est pas venu pour elle de se déclarer franchement. Déjà, le droit de transmettre la propriété par voie d'héritage a été mis en question ; et le droit, pour l'individu, de posséder une fortune dépassant un maximum donné a été contesté en haut lieu. Mais personne jusqu'ici n'a osé fixer une limite, soit en ce qui concerne le chiffre de la fortune, soit en ce qui concerne l'héritage, et personne n'a indiqué le principe d'après lequel cette limite pourrait être posée, où elle commencerait et où elle finirait.

Lorsqu'on analyse les choses comme on le doit, il devient évident que, dans le processus de l'évolution sociale, un nouvel idéal de justice s'est fait jour. Cet idéal n'est pas le produit d'un raisonnement : il est né de la passion. Nos pères réclamaient des lois justes et égales pour tous. Les théoriciens modernes objectent : des lois égales c'est-à-dire des lois qui s'appliquent également et de la même manière à tous les hommes ne sauraient être justes. Ce qu'il faut demander, ce ne sont pas des lois égales, mais des lois produisant l'égalité, des lois d'égalisation. L'égalité pure et simple de la loi favorise l'industrie, l'épargne, l'esprit d'entreprise et l'économie. Elle crée des inégalités et donne une prime à la force, à l'habileté et au talent. Elle est essentiellement aristocratique. Elle reconnaît, encourage et récompense la supériorité. Elle condamne, au contraire, et punit indirectement l'incapacité. Sous des lois égales les hommes ne peuvent être égaux. Ce que nous demandons c'est l'égalité des conditions ; et cette égalité ne peut être obtenue que par de nouvelles lois, des lois qui distribueront le trésor commun, en accordant à chacun une part proportionnée à ses besoins.

Au fond d'une telle revendication on découvre deux sophismes. Le premier consiste dans une nouvelle théorie de la nature de la richesse. L'idée selon laquelle l'individu créerait la richesse et pourrait légitimement la posséder est, dit-on, une erreur datant du XVIIIe siècle et entretenue par les fondateurs de la République américaine. La richesse, au contraire, est un produit social, et, par conséquent, peut être légitimement considérée comme appartenant à la société. La valeur n'est qu'un rapport entre l'offre et la demande. C'est l'existence des autres hommes qui donne de la valeur à ce que nous possédons : sans eux notre propriété n'aurait aucune valeur.

Si plausible et si séduisante que semble cette théorie, elle repose sur une donnée fausse. La société considérée comme un tout n'a jamais conçu, poursuivi, réalisé une amélioration quelconque dans les entreprises financières ou industrielles. Toujours, c'est à un individu ou à un groupe d'individus qu'a été dû le progrès. L'assertion suivant laquelle la totalité de la richesse appartiendrait à la société comme tout est donc absolument hypothétique. La richesse appartient à ceux qui, par leur habileté, leur esprit d'entreprise, leur industrie ont réussi à la créer, ou à ceux qui, en s'abstenant de la dépenser, ont su la conserver.

Le deuxième sophisme que l'on constate, au fond des revendications tendant à établir la suprématie du pouvoir législatif, est l'assertion suivant laquelle la société comme tout étant légitime propriétaire de tous les biens, les individus ne devraient avoir d'autres droits que ceux que la société voudrait bien leur accorder.

L'origine d'une telle conception du droit s'explique très bien historiquement. Tous les droits et tous les pouvoirs publics étaient primitivement concentrés entre les mains du gouvernement, lequel pouvait les conférer à celui-ci ou celui-là, selon son bon plaisir. Lorsque c'était un prince qui gouvernait, la formule était: « La volonté du prince fait loi ». Maintenant que c'est le peuple qui gouverne, la formule est devenue: « La volonté du peuple fait loi ». Le peuple peut accorder et retirer selon son bon plaisir. En passant du régime monarchique au régime démocratique cette conception du pouvoir souverain a été transformée, mais elle n'a pas disparu ; et la volonté populaire est, à cet égard, aussi brutale et fallacieuse que l'était la volonté royale au moyen-âge.

Il n'existe pas un seul démagogue pour oser dire devant un public américain qu'un roi ou un empereur a le droit intrinsèque, en tant qu'il est souverain, d'enlever aux individus leurs propriétés et de les distribuer à son gré. D'autre part, si un acte de cette nature était commis et connu du public, ce dernier y verrait une injustice flagrante, un crime méritant de conduire le coupable jusqu'à l'échafaud. Et pourtant, on enseigne au peuple qu'étant souverain, il a le droit et même le devoir de s'emparer des propriétés individuelles et de les distribuer comme il lui convient ; on lui suggère que sa volonté arbitraire doit être, en cette matière comme en toute autre, considérée comme la source suprême de la loi.

La peine qui conviendrait à une si lâche complaisance — car on ne peut employer d'autre mot — serait la prompte divulgation des intentions égoïstes du flagorneur. Il n'est pas difficile de tromper la foule en lui faisant croire qu'étant souveraine elle est, véritablement, propriétaire de l'univers entier. Mais elle changerait vite d'opinion si elle était appelée à souffrir d'une spoliation analogue de la part d'un autre souverain. Et il n'est pas difficile d'éprouver la sincérité de ceux qui préconisent un tel procédé, car il n'a jamais été recommandé que par des hommes qui comptaient en tirer profit, soit en prenant directement leur part des biens confisqués, soit en réclamant une fonction avantageuse en tant qu'agents de la confiscation.

Ce que le gouvernement constitutionnel s'était proposé de faire, c'était d'abolir définitivement l'idée d'un pouvoir illimité, à quelque maître qu'il appartînt, autrement dit, de détruire l'erreur suivant laquelle la volonté d'un individu quelconque pourrait être considérée comme constituant la loi. La loi n'est point un produit de la volonté, mais un ensemble de règles capables de diriger la volonté et tenant leur autorité de la raison.

Le problème qui se posa aux auteurs de la Constitution ne fut pas seulement de distribuer le pouvoir, mais aussi de définir la nature de l'autorité publique. D'où une institution, qui s'intitule elle-même l'Etat, peut-elle tirer le droit d'imposer ses commandements aux individus qui composent la société humaine ? La réponse à cette question fut la suivante : il n'existe pas d'autorité légale, et aucune autorité ne saurait prétendre priver un individu de ses droits naturels à la vie, à la liberté et à la propriété. L'Etat est lui-même assujetti à la loi, à sa propre loi fondamentale, qui l'oblige, lui et tous les organes qui dépendent de lui, à respecter et à sauvegarder les droits naturels de tous les citoyens. S'il cessait d'agir en ce sens, il cesserait en même temps d'être l'Etat au sens américain du mot.

Il est donc clair qu'il existe un antagonisme intrinsèque et irréductible entre l'idée d'un pouvoir législatif absolu, et l'idée d'une Loi fondamentale limitant le pouvoir statutaire.

Nous allons essayer de noter le déploiement d'arguments qui tendent à changer radicalement la Constitution et indiquent la meilleure méthode à suivre pour modifier la Loi fondamentale. Et, pour cela, nous puiserons dans une série de rapports officiels, présentés et défendus par des personnages plus ou moins haut placés et parlant au nom de centaines, de milliers, ou même de millions d'adhérents :

La propriété appartient légalement à la société considérée comme un tout. Lorsqu'elle est détenue par des particuliers elle peut être considérée comme une récompense permanente qui serait accordée pour des services momentanés, ou même pour des services nuls.

Le prétendu droit de transmettre la propriété d'une génération à l'autre n'est pas un droit naturel.

Les propriétés corporatives doivent être évaluées d'après le chiffre de la dépense qui serait nécessaire pour les reconstituer matériellement, et peuvent être légitimement rachetées par le peuple au taux de cette évaluation.

La rémunération des travailleurs doit être proportionnelle, soit à la quantité de leur travail, soit à l'étendue de leurs besoins, selon ce qui sera décidé. Mais en aucun cas elle ne doit être mesurée à la qualité de leur production industrielle.

Les patrons, comme tels, n'ont pas le droit d'exister. L'objectif des employés devrait être un régime qui assurerait à tous les ouvriers, en paiement de leur travail, la pleine direction des différentes entreprises industrielles.

L'idée de l'existence de droits naturels inaliénables est une conception erronée datant du XVIIIe siècle. Les hommes n'ont aucuns droits, sauf ceux que la société leur concède par la loi.

Aucune Cour ne devrait avoir le droit d'annuler un acte du Corps législatif sous prétexte qu'il est inconstitutionnel.

Qu'on n'aille pas s'imaginer que ce sont là les accès sporadiques de quelques fous irresponsables ou les murmures incohérents d'une poignée de mécontents. Ces idées ont été exprimées dans des sermons, imprimées dans des périodiques très répandus ou dans des livres sérieux; on les trouve même dans des résolutions solennelles votées par des comités influents.

S'il s'agissait d'une polémique plutôt que d'une simple exposition, il conviendrait d'indiquer avec précision les sources de ces déclarations, et de chercher à les réfuter. Mais nous nous proposons seulement ici d'analyser la nature du levain qui actuellement fermente dans le peuple et agit sur l'opinion publique. D'un autre côté, si ces doctrines étaient de simples thèses académiques destinées à faire valoir l'habileté dialectique de ceux qui les défendent, ou encore l'expression de simples jugements personnels, parfaitement inoffensifs, tels qu'on en émet sur la beauté ou le sens d'une peinture, il n'y aurait pas lieu de s'en inquiéter. Mais elles ont, au contraire, un caractère tout pragmatique : elles ont trait à l'existence même et aux intérêts de nos concitoyens, et ont pour but d'exercer une pression sur l'opinion publique, afin de préparer la voie à des changements légaux dans la Constitution. Elles fournissent précisément tout un matériel d'arguments aux hommes qui, visant avant tout leur propre avantage, se posent comme les avocats d'un progrès dont, à leur tour, ceux qui les écoutent s'imaginent pouvoir tirer un bénéfice personnel.

Malheureusement, quelques-unes de ces propositions ont toutes les apparences d'une noble et saine théorie philanthropique et comme un faux vernis d'honnêteté. Notre sympathie naturelle pour la pauvreté et la souffrance, l'horreur que nous inspirent la cruauté et la concussion se trouvent ainsi surexcitées, et nous en arrivons à conclure qu'il ne peut y avoir aucun mal à en finir avec des gens qui ont révolté notre conscience par leur avarice et leur manque d'humanité. En fait, nous ne sommes point tenus de ménager la sensibilité de ceux qui eux-mêmes exploitent les femmes et les enfants. Mais, d'un autre côté, nous trahirions la cause de l'humanité, aussi bien que celle du droit, si, dans notre zèle pour relever les opprimés et protéger les faibles, nous ébranlions les bases de l'édifice de justice. La loyauté envers l'humanité nous impose un devoir plus large que la destruction immédiate d'un mal isolé, si monstrueux qu'il nous paraisse. Pour nettoyer et purifier le temple, il n'est pas nécessaire d'ouvrir un conflit, car, parmi les réformes sociales légitimes et nécessaires, il n'en est pas une qui réclamerait pour son accomplissement un changement quelconque dans la forme d'un gouvernement, grâce auquel tant de maux, déjà, ont été progressivement détruits.

S'est-on préparé à un tel état de choses? Existe-t-il et pourra-t-il jamais exister un pouvoir capable de prendre la direction de toutes les industries; de fixer les heures et les conditions du travail et la quantité des produits; de désigner les intermédiaires qui devront écouler ces produits, et de décider quel salaire devra toucher chaque collaborateur? Et, si un tel pouvoir pouvait jamais exister, que resterait-il de la liberté individuelle, et que deviendrait la valeur de chaque vie individuelle? Y aurait-il encore un marché ouvert à tous, où chacun pourrait vendre ses propres produits au prix qu'il fixerait lui-même? N'y aurait-il pas moyen d'exister en dehors des règles établies par l'Etat, ou par *l'imperium in imperio*, ou par la *junta* des législateurs, chargés d'exercer le pouvoir dans cette machine au sein d'une machine?

Que deviennent, dans cette hypothèse, la société comme chose vivante, l'intangibilité du citoyen, la liberté de l'individu? Où trouvera-t-on la sagesse, l'intégrité, l'esprit de sacrifice, qui donneront une direction morale à ce mécanisme fait d'êtres vivants transformés en roues et en pignons, et s'épuisant à fournir la force motrice? Qui veillera à la satisfaction de nos besoins et à un emploi bien approprié de nos capacités personnelles? Qui modérera nos appétits? Qui stimulera nos énergies, sans lesquelles le mécanisme en question ne serait qu'un corps mort?

Et finalement, quel avantage y aurait-il, dans une telle association humaine, à ce que chaque individu considérât toute miette de pain comme une propriété commune, usurpée par ses possesseurs momentanés à ceux qui ne possèdent rien, et s'écriât : « Nous reprenons ce qui est à nous, car tout nous appartient, jusqu'à la dernière miette de pain? »

Ce n'est encore qu'accidentellement, grâce au respect héréditaire qui s'attache à nos lois et à notre système constitutionnel, que nous avons eu la douleur d'assister à des scènes de violence et de révolte ouverte, mais le cas s'est pourtant produit, et l'esprit de rébellion contre l'ordre public, tel que l'assurent nos lois et leurs garanties constitutionnelles, se manifeste fréquemment et hardiment.

« C'est pour nous-mêmes, et immédiatement, que nous voulons obtenir des avantages : ce n'est pas pour nos petits-enfants », déclarait récemment dans une ville de l'Ouest un propagandiste salarié d'opinions anticonstitutionnalistes.

« Nous ne pouvons pas arriver à grand chose avec notre gouvernement actuel, continua-t-il, car il est mal bâti, inacceptable, à peu près condamné... Sous un tel gouvernement nous ne pouvons faire passer aucune loi importante allant contre des droits établis. La Constitution moisie et surannée qui est la nôtre, nous oppose une barrière infranchissable, avec sa Cour suprême omnipotente... Nous n'obtiendrons ce que nous voulons qu'en nous unissant pour faire quelque chose de radical. »

CHAPITRE IV

LA MISE A L'ÉPREUVE DE LA DÉMOCRATIE AMÉRICAINE

La conception politique des Etats-Unis a-t-elle échoué ? Devons-nous l'abandonner et tenter une nouvelle expérience ? Nous faut-il conclure que nos pères se sont trompés en croyant que le rôle du gouvernement devait être de protéger les droits naturels de la personne humaine, et en s'imaginant qu'un acte écrit pouvait constituer pour ces droits une garantie suffisante ? Est-il vrai, comme on l'a si souvent répété, que la démocratie américaine, de même que toutes les autres formes de démocratie, soit destinée à se montrer essentiellement impuissante et changeante ? Qu'elle soit dans l'impossibilité de vivre et de se développer en se réglant sur les principes de la morale ; et que, en plaçant les fondements de l'autorité publique dans les individus qui composent la Nation, elle doive finalement être déchirée dans la lutte qui se livre entre leurs passions?

N'est-il pas plus logique d'admettre que c'est uniquement de l'exemple de la démocratie américaine, telle qu'elle s'est incarnée dans notre Constitution fédérale, que l'on peut tirer l'espoir d'organiser la société d'une façon solide et pacifique, en assurant aux droits humains toutes les garanties nécessaires ? La révolte contre les principes constitutionnels et le fait de faire reposer l'autorité sur la volonté inqualifiée des masses populaires aboutissent, comme nous venons de le voir, à un encouragement aux armements secrets et à un appel à la violence. N'est-il pas clair que, là où l'on ne rencontre ni le sens des devoirs individuels, ni la soumission à des principes moraux universellement obligatoires et liant les majorités, exactement comme les minorités, on ne saurait compter trouver de stabilité dans la forme démocratique du gouvernement? Et, si une démocratie n'avait d'autre règle de conduite que le désir de faire triompher une volonté, qui n'est, au fond, que l'expression irrégulière des appétits du plus grand nombre, comment pourrait-elle se dire supérieure à cet impérialisme, contre lequel elle s'insurge constamment, mais qu'elle imiterait, cependant, en s'arrogeant le droit de gouverner pour la seule raison qu'elle en aurait le pouvoir.

A moins que la démocratie ne parvienne à se débarrasser, comme elle le fait selon la conception américaine de l'État, de cette idée fixe que ceux qui possèdent la souveraineté ont, par là même, le droit d'exercer l'autorité absolue, elle ne pourra pas affirmer devant le tribunal de la raison sa supériorité sur la forme de gouvernement humain qui est son principal rival. Si elle admet, comme le fait l'impérialisme, que l'individu ne possède aucun droit naturel qu'elle ne puisse légitimement violer, et que les seuls droits qu'elle doive respecter sont ceux qu'elle a elle-même établis par ses propres lois, ne perd-elle pas, par cette concession, l'autorité légitime dont elle jouissait dans l'exercice du gouvernement? Car comment pourrait-on soutenir qu'une prérogative qui est le monopole du pouvoir absolu acquière plus d'autorité par ce fait qu'elle se trouve appartenir au nombre prépondérant plutôt qu'à toute autre force prépondérante?

La démocratie absolue, tirant son autorité d'une somme d'unités qui, considérées isolément, ne jouissent, selon elle, d'aucun droit naturel, ne peut justifier sa prétention quand elle se dit capable d'engendrer des droits. Car les droits, qui sont, en un sens, dignes du respect de toute intelligence rationnelle, ne peuvent résulter de décrets purement arbitraires. En niant et en violant les droits naturels d'une minorité, et en affirmant, d'autre part, que tous les droits émanent des lois votées par la majorité, la démocratie absolue enfonce elle-même le sol sous ses pas, et laisse sans aucun fondement son propre droit de légiférer. Quand, au contraire, elle tire son droit de légiférer des droits inhérents à la personnalité humaine, elle est logiquement forcée de reconnaître des droits antérieurs à ceux sur lesquels elle s'appuie. La démocratie constitutionnelle, c'est-à-dire la forme démocratique qui, jusqu'ici, a prévalu aux Etats-Unis, a du moins l'avantage d'être conséquente avec elle-même dans ses théories. En cherchant son fondement dans la personnalité humaine, elle fait appel à la raison universelle, et non à la force prépondérante sous une forme mesurable quelconque.

En Amérique les hommes ont généralement admis que les droits à la vie, à la liberté et à la poursuite du bonheur étaient des droits inaliénables, inhérents à la nature humaine, et que le gouvernement avait le devoir de les respecter. Ils ont reconnu que le plus grave problème qui s'impose au gouvernement était d'établir une harmonie véritable entre les droits naturels des individus et l'autorité de l'Etat; car, à moins que l'Etat ne possède l'autorité dans une certaine mesure, il ne peut y avoir de gouvernement.

Quand nous cherchons à remonter à la source de cette autorité, nous postulons la souveraineté, que nous concevons comme appartenant naturellement au peuple. En tant que nous y voyons le droit, pour le peuple, d'organiser et d'entretenir les moyens nécessaires à sa propre conservation, ce droit, ainsi que tous les autres droits naturels, peut être posé comme un axiome. Mais, si la souveraineté est considérée comme un droit tellement transcendant qu'il puisse supplanter tous les autres, alors il devient difficile d'établir son existence. Elle est, par essence, absolue et illimitée et capable de détruire radicalement tout ce qui s'oppose à elle. Telle est, en somme, la prétention de la démocratie absolue, et, en cela, elle ne diffère pas de l'impérialisme si ce n'est que le droit d'imposer des règles arbitraires appartient à tous ceux qui sont capables de le faire, au lieu d'appartenir à un seul individu tout-puissant qui s'arroge l'autorité absolue.

Ce genre de démocratie n'a rien à objecter à l'impérialisme ; car, si le peuple possède un pouvoir illimité, ce pouvoir peut, avec son assentiment, être délégué à un représentant unique. Et l'empire est d'ailleurs la conclusion à laquelle la démocratie absolue aboutit généralement. Elle concentre la responsabilité de l'action politique sur la tête d'un seul homme. Toutes les monarchies impériales qui ont été fondées depuis la transformation de la République romaine en empire romain se sont appuyées sur l'assentiment du peuple. Et, dans chaque cas, la fin de la crise populaire a été accompagnée d'un sentiment de soulagement et de satisfaction ; car, ainsi que l'a remarqué Edmund Burke, « Dans une démocratie, la majorité des citoyens est susceptible d'exercer sur la minorité l'oppression la plus insupportable, lorsque des divisions surgissent au sein de cette organisation politique, ce qui est assez fréquent. Et cette oppression s'exercera sur un plus grand nombre de citoyens, et avec plus d'acharnement qu'on n'en peut attendre, en général, de la domination d'un seul maître. Dans une persécution populaire de cette nature, les individus opprimés se trouvent dans des conditions particulièrement déplorables. Car, sous le sceptre d'un prince cruel, ils auraient du moins la consolation de voir l'humanité compatir à leur peine, ce qui mettrait un baume sur leurs blessures... Mais ceux qui sont en butte à la persécution des foules sont privés de toute consolation extérieure. Ils se sentent abandonnés de l'humanité tout entière et écrasés sous une conspiration de tous leurs semblables. »

Il est clair qu'un citoyen doit reconnaître

l'autorité publique sous une forme quelconque, et qu'il a le devoir de lui obéir. Mais il est clair également que l'autorité publique doit savoir se limiter elle-même avant d'en arriver à violer le sanctuaire de la liberté individuelle, qui est la condition de la responsabilité individuelle.

La vraie solution du problème se trouve dans la conception américaine de l'Etat ; et c'est la limitation volontaire dont nous venons de parler qui est le véritable fondement de la démocratie. Dans un tel système politique, l'individu, étant libre, est personnellement responsable envers le gouvernement. Il est le collaborateur et non le simple sujet de l'Etat. Il agit par l'intermédiaire de ses représentants ; il a foi dans la sagesse de leurs délibérations et l'intégrité de leurs jugements. En tout cas, ceux-ci demeurent *ses* représentants et sont soumis à son approbation ou à sa désapprobation. Le gouvernement quel qu'il soit est *son* gouvernement. S'il le trouve bon, il a le devoir de le défendre et de le conserver ; s'il le juge mauvais, il doit le réformer ou le changer. Mais jamais il n'est en droit de le blâmer : il ne peut que se blâmer lui-même.

Seule, l'idée de la limitation des pouvoirs gouvernementaux, qui est à la base de notre Constitution, s'oppose nettement au mot d'ordre de l'impérialisme, lequel est : pouvoir absolu. L'impérialisme ne fait ni questions ni exhortations : il ordonne et il oblige. Il ne réclame de son sujet qu'une soumission et une obéissance avilissantes. Ce dernier, selon la conception impérialiste, ne fait pas partie de l'Etat et n'a aucuns droits naturels ; il ne peut revendiquer que les droits que le gouvernement lui accorde.

Qui donc, en ce cas, constitue le gouvernement? L'homme qui est au pouvoir et qui a la force de s'y maintenir. Conformément à la formule impérialiste, « la volonté du prince fait loi ». L'autorité ainsi comprise ne repose pas sur une responsabilité envers les hommes. Le prince peut être responsable envers Dieu, mais il ne l'est pas envers les hommes. Il ne doit de comptes à personne. Pour son sujet ses décisions sont sans appel. Pour y échapper il faudrait renverser et détruire toute une horde d'individus à sa solde, et le sujet qui résiste aux ordres du prince a bien des chances pour être lui-même renversé et détruit dans la lutte.

Or, au même titre que le prince, la majorité omnipotente qui n'est liée par aucune loi fondamentale est exempte de toute espèce de responsabilité. Elle peut, en certains cas donnés, subordonner son action à son sens particulier de la propriété, mais c'est purement gratuit de sa part. Elle n'est gouvernée par aucune loi supérieure et ne se doit à aucun principe. Elle peut traiter comme il lui plaît les individus qui forment la minorité : elle peut leur enlever leurs biens pour les distribuer à d'autres individus ; elle peut régler leur vie journalière d'une manière arbitraire, leur imposer une tâche quotidienne et les obliger à la faire. En un mot, elle peut, si cela lui convient, les réduire en esclavage.

Il est probable que, dans une société intelligente, une majorité, même toute-puissante, n'agirait pas absolument de cette façon ; mais il est tout aussi probable qu'un prince intelligent s'en abstiendrait. D'ailleurs, à moins que l'intelligence ne pénètre suffisamment une communauté pour l'induire à assigner par la loi des limites à son propre pouvoir législatif, il est difficile d'attendre de celle-ci un bon gouvernement. Un peuple qui serait assez honnête, juste et dépourvu d'égoïsme, pour jamais ne se laisser entraîner par ses passions, pourrait se passer de gouvernement. Il saurait se discipliner lui-même, sans avoir besoin de la loi pour cela.

Le principal argument employé en faveur du pouvoir absolu et de l'abrogation de la Loi fondamentale est fondé sur la nécessité de remédier à certains abus. On prétend que ce sont les minorités qui font les élections législatives ; mais comment un tel fait a-t-il pu se produire ? Quand il s'est produit, en effet, n'était-ce point dû à l'indifférence ou à l'incapacité des majorités ?

Actuellement nous nommons des délégués pour voter dans les élections législatives, mais il arrive rarement que ce soient vraiment les majorités qui les nomment. La vérité est que rien n'est difficile comme d'amener les citoyens à prendre au sérieux leurs devoirs politiques. Si les entraves constitutionnelles étaient renversées, on ne peut être sûr que les lois seraient l'œuvre des majorités, même en supposant l'adoption universelle de l'initiative et du referendum. Les lois seraient l'œuvre de ceux qui auraient intérêt à les faire passer, et personne ne pourrait être tenu pour responsable. Souvent ces lois seraient contradictoires et inapplicables, et parfois même elles auraient des effets désastreux.

Il n'existe aucun moyen de forcer les hommes à être sages, mais il est possible de mettre un terme à leur folie. La valeur des restrictions constitutionnelles repose sur cette possibilité. Une Constitution est à un Etat ce que la conscience est à l'âme humaine. Elle fait le partage entre ce qui est absolument bon et ce qui est radicalement mauvais ; en forçant l'absolutisme à courber la tête, elle ramène les lois à leur véritable objet, qui est l'intérêt public ; elle oblige l'individu à obéir à la loi, et le législateur à respecter les principes fondamentaux du droit. L'un comme l'autre doivent répondre de leur conduite devant des juges compétents, chargés de faire en sorte que ce soit la loi et non un pouvoir arbitraire qui gouverne.

Nous voyons, par suite, qu'un gouvernement juste est essentiellement celui qui sait limiter volontairement son pouvoir. Une démocratie absolue n'est qu'une forme complexe de l'impérialisme, pour cette raison qu'elle est irresponsable. Nous avons, en fait, à choisir entre deux termes : d'une part, la démocratie, où une souveraineté spontanément limitée tire son origine de la volonté collective du peuple, s'organisant lui-même sous un gouvernement responsable ; et, d'autre part, l'impérialisme, où la souveraineté méconnaît la volonté populaire, nie l'existence des droits du peuple en tant que partie intégrante de l'Etat, rend des décrets favorables à ses propres intérêts, et prétend ne devoir de comptes à personne.

Or ce qui donne à cette théorie abstraite un intérêt général, c'est que, si jamais doivent s'établir des relations pacifiques entre les nations et une organisation juridique de l'univers, l'une de ces deux solutions devra nécessairement être adoptée, comme le seul moyen de réaliser et de maintenir de telles relations. Nous avons foi en la démocratie, mais la question qui se pose est la suivante : triomphera-t-elle de l'épreuve qui lui est actuellement imposée ? Aura-t-elle la vertu, le courage, la capacité d'assurer sa propre sécurité et de sauver sa propre existence dans la lutte pour la vie ?

Des deux méthodes opposées d'établir la paix, l'ordre et la justice dans le monde, la plus ancienne et la plus éprouvée est l'impérialisme, la dernière en date et la moins garantie par l'expérience est la démocratie. Toutes deux supposent nécessairement l'existence d'une règle de morale quelconque, car toutes deux tendent, d'une manière ou d'une autre, à la justice, et toutes deux préconisent l'idée du devoir. Mais les postulats de ces deux méthodes ne sont pas seulement différents : ils sont contradictoires.

L'impérialisme suppose que l'individu, en tant que membre de la société, est une création de l'Etat. Sans l'Etat, il serait resté un sauvage. Existant de son propre droit, l'Etat, selon la doctrine impérialiste, pourrait, en revanche, étendre indéfiniment sa juridiction et son pouvoir. Comme il ne connaîtrait point de limites, il tendrait à être universel.

La démocratie, au contraire, voit dans l'Etat un ensemble de relations légales, instituées au profit des individus qui le composent. Elle accorde à tous les autres groupements d'hommes le droit qu'elle prend elle-même d'établir et de changer la forme de son gouvernement. Enfin, elle met le bonheur et la prospérité de l'individu au-dessus du pouvoir et de la gloire de l'Etat. Elle est, par conséquent, continuellement en conflit avec l'impérialisme, qui part d'une idée diamétralement opposée.

A moins qu'il ne soit possible de groupe toutes les nations autour d'un empire central, ce qui, l'histoire nous l'enseigne, est irréalisable, la démocratie seule sera capable d'accomplir la tâche ardue qui consiste à faire vivre entre elles les différentes races et les différentes classes d'hommes sous un régime de paix et d'amitié, de telle sorte que, soumises en commun à des lois précises, et unies pour le maintien de la justice, elles puissent cependant rester fidèles, les unes et les autres, à leurs nationalités respectives. Or, tant que l'Etat sera considéré comme existant pour lui-même, il n'acceptera pas et ne pourra pas accepter qu'on impose des limites à ce qu'il considère comme ses souverains droits. Les empires ne se fédèrent pas : ils luttent entre eux pour la suprématie.

Il y a, cependant, dans l'impérialisme, un élément de force et de durée que ne peut obtenir la démocratie. Si l'acquisition d'un maximum de richesse et de puissance nationales, si la perfection du mécanisme social, si le fait de se sentir en sécurité contre toute agression étrangère, si la certitude d'avoir de quoi manger, de quoi boire, de quoi se mettre à l'abri, en un mot, si les côtés les plus matériels de l'existence humaine étaient les seules fins que visât le gouvernement, alors le pouvoir absolu d'un souverain unique sur un vaste territoire, devrait l'emporter sur la liberté individuelle et la responsabilité gouvernementale qui en résulte.

Personne ne saurait nier l'avantage que procurent un commandement énergique, une stricte discipline et la soumission absolue à l'autorité, quand il s'agit de livrer une lutte dont l'issue dépend de l'unité d'action. L'individu, en ce cas, devra abdiquer complètement son indépendance, mais son butin sera plus abondant, s'il sait, dans cette lutte, se joindre à l'effort commun, sous la conduite d'un chef. Ainsi que l'a dit Kipling :

« Or voici la loi de la jungle —
Aussi vieille et aussi vraie que le ciel ;
Et le loup qui la suivra atteindra à la prospérité,
Tandis que celui qui la violera mourra.
Comme les lianes qui enguirlandent les arbres,
La loi avance et recule —
Car c'est le loup qui fait la force de la meute.
Et c'est la meute qui fait la force du loup.

Or voici les lois de la jungle,
Et elles sont nombreuses et puissantes ;
Mais la tête et le sabot de la loi,
Et sa hanche et sa croupe, c'est : obéis ! » (1).

La force de l'impérialisme consiste à reconnaître complètement la loi de la jungle. Cette forme de gouvernement repose bien nettement sur la supériorité de la force. Mais la loi morale méprise la force matérielle, elle s'enferme elle-même dans des limites idéales, et installe le droit sur le trône qu'occupait la force. Si la démocratie prend la loi morale pour guide, elle vouera toutes ses forces à la réalisation de la justice, acceptera tous les

1. Now this is the law of the jungle —
As old and as true as the sky ;
And the wolf that shall keep it may prosper,
But the wolf that shall break it must die.
As the creeper that girdles the tree front,
The law runneth forward and back —
For the strength of the pack is the wolf,
And the strength of the wolf is the pack.
Now these are the laws of the jungle,
And many and mighty are they ;
But the head and the hoof of the law,
And the haunch and the hump is obey.

sacrifices, et consentira, dans une certaine mesure, à abandonner à d'autres le succès matériel, pour s'assurer la dignité morale.

Le point faible de la démocratie apparaît donc nettement. Elle reconnaît aux autres certains droits qu'elle ne consent pas à leur enlever, même si c'est son intérêt, parce qu'elle juge que ces droits sont inhérents à l'individu et, par là même, inaliénables.

L'impérialisme a moins de scrupules. Il ne connaît pas d'autres devoirs que le devoir envers l'Etat, qu'il impose sans merci à tous les individus. Suivant cette conception, il n'existe pas de droit qui ne doive être considéré comme un don du gouvernement.

L'impérialisme n'admet pas d'autre loi que sa propre volonté. Il choisit toujours le chemin qui conduit au succès. Il peut faire avancer la science, développer l'industrie, étendre le commerce et organiser des armées sans consulter ses sujets. Ceux-ci n'ont qu'à obéir.

La démocratie ne peut rien de semblable. Elle doit proposer, discuter, persuader, convaincre, puis attendre le résultat de sa consultation. Et, tandis qu'elle attend, l'impérialisme, toujours prévoyant, toujours sur ses gardes, toujours prêt, lui donne le coup fatal.

Ceci se produit avec le type de démocratie le plus pure et le plus noble, mais il y a d'autres types de démocraties. Il y a bien des chances pour que, dans une démocratie, les citoyens ne pensent qu'à eux-mêmes et à ce qu'ils appellent leurs droits. Ce ne sera alors que par intervalles, dans les moments de crise, qu'ils se soucieront de l'Etat et de leurs devoirs envers lui. Si bien qu'en de telles circonstances ils seront tout étonnés d'avoir à se sacrifier à l'Etat, et surtout d'avoir à le défendre.

Et c'est là, précisément, pour la démocratie, l'épreuve décisive. Aurons-nous en Amérique, par exemple, l'énergie nécessaire pour faire face à une telle épreuve ?

Naguère, nous avons été en butte à une débauche de critiques concernant nos institutions. Celles-ci ont été attaquées comme archaïques, mensongères, foncièrement malhonnêtes et déloyales. Nos grands héros du passé, les fondateurs de la République, y compris Washington — c'est-à-dire les hommes d'Etat les plus patriotes et les plus judicieux qui aient jamais existé — ont été l'objet d'ardentes diatribes et d'une censure sévère. La Constitution a été traitée d'anachronisme, et l'on a proposé d'y substituer le suffrage populaire direct, sans débats ni réflexion préalables, qui serait susceptible de sacrifier les intérêts généraux du pays aux intérêts hypothétiques d'une majorité. Les gens ont chanté : « Je n'ai pas élevé mon fils pour être soldat », et tous ont applaudi au principe de la paix à tout prix. On devine aisément, par suite, quel mépris nous pouvons inspirer à un impérialisme averti, qui nous vise comme la victime désignée de sa prochaine chasse impériale.

A quel drapeau sommes-nous prêts à nous rallier avec la ferme intention de le défendre ? Vers qui nous tournerons-nous pour avoir un chef, un chevalier sans peur et sans reproche, que nous puissions suivre jusqu'à la mort ? Malheur à la démocratie qui en arriverait à se suggérer que ses principes ne méritent point qu'on meure pour eux et que ses chefs ne méritent pas sa confiance !

Nous savons tous, sans avoir besoin de personne pour nous le faire comprendre, que l'esprit impérialiste existe toujours dans le monde et qu'il n'est pas le monopole d'une seule nation ; qu'il est en activité et susceptible de triompher quelque part ; ou, ce qui serait plus grave pour nous, qu'il peut être déçu dans ses ambitions quelque part, sans être pour cela abattu, et se tourner alors vers un nouveau terrain de conquêtes. Un jour ou l'autre nous pouvons avoir à lutter contre son intrusion dans la sphère de nos responsabilités. Que ferons-nous alors ? Resterons-nous passifs, ou agirons-nous ?

Nous savons déjà que le plus dangereux serait de tenter de faire un amalgame de l'esprit impérialiste et de l'esprit démocratique ; car un tel compromis aboutirait certainement au triomphe de l'impérialisme dans notre propre République, et à la perte de nos vertus et de notre idéal démocratiques. Il y a, à la vérité, une incompatibilité irréductible entre démocratie et impérialisme, et nul ne peut servir deux maîtres.

Si, réellement, nous visons à l'empire, c'est le suicide de la démocratie cultivée. Si, au contraire, nous sommes attachés à la démocratie, il nous faut renoncer à l'esprit de domination et de conquête dans le monde. Les deux courants, en se rejoignant, ne pourraient qu'affaiblir l'énergie de la nation et paralyser l'action du gouvernement.

Je parle ici, uniquement, comme il convient qu'un Américain parle à des Américains, et je soutiens qu'il y a une incompatibilité intrinsèque entre ces deux termes : démocratie et impérialisme. Si nous admettons que l'Etat existe pour l'individu, c'est-à-dire pour l'aider à s'élever au plus haut degré possible de raison, de conscience, de liberté et de responsabilité ; si, d'autre part, nous posons en principe que l'individu n'existe pas, corps et âme, pour servir les ambitions de l'Etat ; alors nous devrons affirmer en même temps qu'un peuple, quel qu'il soit et où qu'il habite, doit, s'il s'en sent capable, avoir la possibilité d'établir et de maintenir un gouvernement responsable sur son propre territoire ; qu'un tel peuple doit répondre de sa conduite sur terre et sur mer, et se conformer à des lois justes et uniformes établies par un Comité international, ainsi qu'aux principes sacrés des lois humanitaires.

Je ne me dissimule pas que, dans les conditions actuelles, ce programme est d'une réalisation difficile, car, outre l'impérialisme et la démocratie, un troisième facteur contribue à faire l'histoire, et ce facteur est l'anarchie.

Que faire, là où l'anarchie l'emporte, ainsi qu'il arrive au Mexique ? Et pourtant, tout effort pour la réprimer pourrait être considéré comme une manifestation de l'esprit impérialiste et comme la ruine de l'idéal démocratique. On voit par là combien la tâche des hommes d'Etat est délicate.

Il est certain, toutefois, que nous ne pourrons rester fidèles à notre idéal démocratique que si nous sommes résolus à le défendre coûte que coûte, et avec toutes ses conséquences. La démocratie sortira-t-elle indemne de cette épreuve ? Pouvons-nous adopter une politique mondiale que nous nous sentions capables de défendre devant la raison et la conscience humaines, et de suivre loyalement sans marchander les sacrifices ?

Pour mener une telle politique, la première règle doit être de ne faire entrer dans notre conduite aucun mélange d'esprit impérialiste. Nous avons montré que nous étions capables d'éviter cet écueil, lors de l'affaire de Cuba, et j'espère que nous nous en montrerions capables en toutes circonstances. Mais nous avons des responsabilités que nous ne saurions méconnaître et qu'il nous faut accepter. Nous n'avons pas le droit d'abandonner les pays placés sous notre protection, soit à l'anarchie qui les divise à l'intérieur, soit au despotisme qui les menace de l'extérieur.

C'est pourquoi la démocratie doit être amenée à mesurer ses forces et à s'analyser elle-même, pour s'assurer qu'elle est restée pure de tout mélange. Et c'est à faire un tel examen que je voudrais inviter tous mes compatriotes, d'un bout à l'autre de la Nation. La démocratie vaut-elle ce que nous coûterait sa défense ? Sommes-nous prêts à y mettre le prix ? Aurons-nous la virilité, le courage, l'esprit de sacrifice nécessaires ? Et, surtout, aurons-nous la sagesse d'unir nos forces et de travailler de tout notre pouvoir à défendre cet idéal qui, jusqu'ici, nous a fait vivre ?

On s'est déjà posé des questions analogues,

et on y a triomphalement répondu. En juillet 1861, le président Lincoln, dans une heure de péril sans espoir pour la Nation et, comme il le disait lui-même, pour la famille humaine tout entière, se demanda : « Entre-t-il fatalement un élément de faiblesse dans la nature de toute République ? Un gouvernement doit-il, de toute nécessité, être trop fort pour respecter les libertés des individus, ou trop faible pour maintenir sa propre existence ? »

Nous savons quelle fut la réponse. Et la réponse, finalement, sera toujours la même. Ce n'est pas grâce à l'impérialisme, mais grâce à l'esprit démocratique, que l'Empire britannique sera sauvé. Sa sécurité n'est pas due à l'autorité impériale, mais aux lois démocratiques du pays. Et c'est l'esprit de Gladstone, non celui de Disraeli, qu'elle doit évoquer aujourd'hui. Le Canada, l'Australie, la Nouvelle-Zélande, l'Afrique du Sud, et même l'Inde, n'obéissent pas seulement à l'appel de la trompette impériale, mais, bien plutôt, à l'instinct de la conservation, qui les pousse, en tant que colonies autonomes, à sauvegarder leurs institutions démocratiques.

Et, si l'Amérique, à son tour, a besoin d'être sauvée, ce ne sera pas par l'impérialisme américain, ce sera par l'idée que tout attentat dirigé contre la vie ou la propriété d'un citoyen des Etats-Unis est en même temps un attentat qui nous touche, vous et moi, alors même que nous serions chez nous en bonne santé, et que nos propriétés seraient en sûreté.

Si jamais le rêve prophétique de Tennyson : un seul homme gouvernant une fédération du monde entier, devait se réaliser, ce serait l'œuvre de la démocratie, c'est-à-dire l'œuvre d'une démocratie affirmant les droits naturels et inaliénables des individus, leur tendant une main secourable toutes les fois que ces droits sont violés, établissant entre les Républiques américaines une union fraternelle fondée sur l'indépendance propre aux Etats constitutionnels, et accueillant au sein de cette union fraternelle toutes les nations avides de paix et de justice et désireuses de se ranger sous les mêmes lois.

CHAPITRE V

LES ÉTATS-UNIS ET LA POLITIQUE MONDIALE

Quelle perspective avons-nous de voir s'établir une meilleure organisation du monde?

L'impérialisme ne nous fournit aucun principe permettant de poser et de coordonner les droits des nationalités. De même qu'il ne reconnaît aucuns droits naturels chez les individus, il n'en accorde aucuns aux faibles et petites nationalités, et prétend par suite être autorisé à les opprimer, à les subjuguer et à se les annexer, toutes les fois que c'est son intérêt d'agir ainsi.

En cela, l'impérialisme s'appuie sur une logique impeccable, à laquelle la démocratie absolue est forcée d'adhérer. Car, si les droits résultent exclusivement des lois, là où les lois sont absentes il ne saurait exister de droits. L'impérialisme affirme que ce qu'on appelle loi internationale n'est pas, à proprement parler, une loi : elle n'est point imposée par une autorité supérieure ; elle n'est pas organisée par un pouvoir exécutif; et, en somme, elle n'est que le résumé d'un certain nombre de coutumes établies, auxquelles on a ajouté quelques conventions volontaires, toujours susceptibles d'être revisées et annulées.

Il est intéressant de constater qu'historiquement, la Constitution des Etats-Unis et le Droit des Gens ont une commune origine et reposent sur le même principe. A partir de Grotius, tous les écrivains, même les plus anciens, qui ont étudié les droits des nations, ont affirmé que tout Etat indépendant et responsable possédait des droits naturels et inaliénables, sur lesquels la législation devait s'appuyer. Ils ont admis que les coutumes et les conventions particulières n'étaient qu'un résultat des efforts faits pour assurer le respect de ces droits primordiaux, et resteraient sujettes à recevoir des modifications, dans l'avenir comme dans le passé. Mais les principes fixes et immuables du droit international, ceux qui lui donnent sa raison d'être et expriment l'idéal qu'il vise, n'étaient point considérés comme affaire de coutume ou de convention : ils étaient posés, *a priori*, comme l'incarnation et l'expression de la justice universelle.

L'influence de l'impérialisme a consisté à miner, dans la théorie comme dans la pratique, les fondements du Droit des Gens. Et, selon la doctrine impéraliste, l'idée d'une loi de nature et de droits naturels, sur laquelle s'appuie la conception américaine de l'Etat, serait aujourd'hui tout aussi impopulaire dans le monde des sciences politiques que l'idée d'une loi internationale. Aucune proposition ne pourrait être considérée comme une loi à moins d'émaner du pouvoir suprême et de s'appuyer sur une sanction effective. Ce qu'on a l'habitude d'appeler loi internationale ne remplit aucune de ces deux conditions. Nulle nation, par conséquent, ne peut y être réellement assujettie. Ce n'est pas tout. Cette loi peut être regardée comme vexatoire et inopportune ; car elle a la prétention de limiter le pouvoir suprême et d'arrêter le développement de l'Etat souverain. Or l'autorité illimitée de l'Etat donne à celui-ci la prérogative de pouvoir s'étendre indéfiniment, tant au point de vue territorial qu'à d'autres points de vue, de prendre possession de tout ce qu'il est capable de s'approprier, et de conserver tout ce que sa force armée lui permet de garder.

Lors des deux grandes conférences tenues à La Haye, l'incompatibilité qui existe entre la conception américaine de l'Etat et la doctrine impérialiste a été clairement mise en lumière.

La souveraineté absolue d'un Etat indépendant et responsable est officiellement reconnue dans toutes les affaires internationales. Mais il existe, sans aucun doute, des différences considérables dans la manière de comprendre la souveraineté chez les diverses nations. Et d'abord, la souveraineté est-elle, par essence, limitée ou illimitée ?

Cette question est capitale, car de la réponse qu'on y fera dépend la solution du problème suivant : peut-il exister une société d'Etats souverains, au sens vraiment juridique du mot ?

Une société juridique suppose une association entre égaux, se reconnaissant réciproquement les mêmes droits. Ceci ne peut être réalisé dans le cas d'une souveraineté illimitée, car, par définition, la souveraineté illimitée ne peut être divisée, et, si elle existait, elle ne pourrait appartenir qu'à un seul souverain. L'hypothèse suivant laquelle la création d'une Société des Nations serait conciliable avec le pouvoir absolu ne repose, par conséquent, ni sur les faits, ni sur la théorie. Les membres d'une société juridique peuvent varier quant à la force et quant à la grandeur, pour la raison que ni la force ni la grandeur ne sont le fondement de leur existence. Mais si, à cette inégalité, on ajoutait une inégalité de droits, et si cette nouvelle inégalité était reconnue, l'édifice serait alors complètement bouleversé, et les petites nationalités deviendraient les vassales prédestinées des grandes.

Comme un tel plan est le plan avoué de l'impérialisme, on n'a pas lieu de s'étonner que celui-ci préconise l'organisation féodale, plutôt que l'organisation nationale du monde. Étant décidé à dicter la loi à ses subordonnés, il prend ombrage de toute loi qui semble restreindre son pouvoir. Il ne se soucie pas d'avoir à rendre compte de sa conduite à qui que ce soit, ni de se lier par des engagements qui limiteraient sa propre autorité.

Pour la démocratie constitutionnelle, au contraire, la souveraineté peut être complète sans être illimitée, parce qu'elle ne consiste en réalité, que dans le droit, pour un peuple indépendant et responsable, d'établir un gouvernement en vue de sa propre sécurité. Dans une telle démocratie, la souveraineté est, par nature, une conception éthique, et non une conception dynamique, c'est-à-dire qu'elle repose sur les droits naturels du peuple, et non sur la puissance purement matérielle. Elle n'implique aucune autorité en dehors des éléments qui la constituent. Car tous les hommes libres ont un droit égal à établir un gouvernement responsable, quand ils sont capables de le faire. Et, logiquement, aucun gouvernement ne peut nier les droits naturels des autres Etats sans nier les siens en même temps.

Il est donc évident que, tandis que l'impérialisme n'a d'autre plan d'organisation du monde que celui qui consiste à dominer lui-même l'univers et à assujettir par la force tous les peuples à sa volonté, la démocratie constitutionnelle, reconnaissant les droits des nations, vise à établir cette organisation au moyen d'une fédération de plus en plus complète de tous les Etats autonomes.

Il importe, toutefois, de faire ici une distinction. La nationalité suppose une union interne absolue et l'action directe de l'autorité centrale sur tous les individus qui composent la nation. Un gouvernement fédéral, comme celui des Etats-Unis, par exemple, exerce, en certaines matières, une autorité directe sur tous les citoyens de tous les Etats qui composent l'Union. Mais une fédération générale des nations ne consentirait pas à admettre l'influence directe de l'autorité centrale, car une telle influence impliquerait l'abolition des nationalités, et à peu près toutes les nations se refuseraient à faire un pareil sacrifice.

Or il y a un moyen d'établir un contrat moins absolu dans ses effets que ne l'est l'union interne dont nous venons de parler. C'est de créer une fédération fondée sur l'acquiescement général à une loi internationale codifiée. Les nations confédérées s'engageraient à s'unir pour observer et défendre cette loi, et s'entendraient pour régler sur la décision de juges impartiaux tous les différends qui pourraient s'élever entre elles. Un pacte de cette nature serait, en effet, la Constitution même qui convient à la civilisation. Il reconnaîtrait les droits inhérents à la nationalité et s'appuierait sur ces droits. Il ne détruirait pas la souveraineté nationale dans son essence, car, en même temps qu'il lui imposerait nettement la limitation matérielle nécessaire, il la laisserait intacte au point de vue moral. Un tel plan assurerait à tous les peuples le droit absolu de se gouverner eux-mêmes; et fournirait à toutes les nations un terrain commun, où elles pourraient collaborer amicalement pour assurer le développement pacifique, de l'ensemble et la prospérité générale.

Quelque raisonnable que semble un tel plan, l'espoir de le voir se réaliser se trouve retardé par les conditions actuelles, dont il est nécessaire de tenir compte, et nous ne devons pas oublier que, jusqu'ici, le monde a été gouverné par les passions humaines plutôt que par la raison.

A une époque qui n'est pas encore très éloignée certains d'entre nous avaient l'illusion qu'il existait un moyen de défendre les droits des nations et de faire disparaître les malentendus qui existent entre elles, sans faire usage de la force armée. Ce moyen consistait simplement dans la décision prise en commun de soumettre tous les différends à un tribunal neutre international, et d'obéir aux principes de la justice. Mais, hélas ! on a reconnu que c'était un rêve, un rêve beau et suggestif, mais une simple chimère de l'esprit.

Le réveil a été cruel. Nous avons compris que l'humanité n'avait pas encore atteint le degré de développement où elle deviendra capable de répondre à l'appel de la raison. Et, quelque pénible que soit notre désillusion, les faits sont là : il faut bien les accepter.

La vertu et l'innocence ne se sont pas encore libérées de la violence. Ni la loi établie, ni les traités solennels et les constitutions, dans lesquels l'honneur sacré de la nation est engagé, ne suffisent à les garantir. Les femmes et les enfants, tout comme les hommes, sont victimes de la brutalité, et nous sommes obligés de lire et relire cette terrible vérité sur des visages de spectres, des bouches muettes, des corps profanés et mutilés ; sur des ruines de villes et de villages et sur des tombes sans nombre.

Ce qui, actuellement, s'impose à notre attention, c'est cette idée que tout l'échafaudage du droit international, tel qu'il avait été antérieurement établi par les traités et les conventions et reconnu par le consentement du monde civilisé tout entier, a été ébranlé jusque dans ses fondements. Et nous sommes amenés, par conséquent, à nous demander sur quoi repose notre sécurité nationale.

La première réponse qui nous vient à l'esprit est, naturellement, qu'il dépend de nous de ne pas nous laisser entraîner dans la guerre. Mais est-il bien certain que la ferme résolution de ne point faire la guerre suffise pour pouvoir l'éviter ? En ce moment toutes les grandes puissances de l'Europe, et quelques-unes des plus petites, sont engagées dans une lutte horrible que toutes prétendent n'avoir pas souhaitée, et où elles assurent qu'elles ont été conduites malgré elles. Il nous faut donc tirer cette conclusion qu'étant donné l'organisation politique actuelle du monde, la guerre peut tout à coup être imposée à une nation pacifique quelconque, en dépit de son sérieux et sincère désir de rester en paix. A moins qu'elle ne soit résignée d'avance à sacrifier ses intérêts, à abandonner ses privilèges et à renoncer à tous ses droits, ainsi que peut s'y voir réduit un peuple sans défense, elle sera obligée de prendre des mesures, non seulement pour résister à l'agression, mais encore pour y résister victorieusement.

Ce genre de préparation est naturellement condamné par tous ceux qui repoussent l'idée de défense armée, comme entretenant et développant le militarisme qu'ils exècrent. Mais qu'y a-t-il d'exécrable dans le militarisme, sinon la domination arbitraire qu'il se propose parfois d'exercer sur les autres, et en vue de laquelle il augmente ses forces indéfiniment ? Si l'on est décidé, au contraire, à résister au despotisme militariste et à adopter le règne de la loi plutôt que celui de la terreur, alors l'opprobre qui s'attache au mot

« militarisme » ne disparaît-il pas entièrement? Et devons-nous pousser à l'extrême le principe de la non-résistance, et condamner absolument l'appel aux armes, quand il s'agit de défendre la justice et l'humanité contre les abus de la force arbitraire et les agressions brutales ?

Il est inutile de tenter d'analyser les raisons politiques pour lesquelles les différents gouvernements d'Europe sont entrés dans le conflit meurtrier où nous nous trouvons entraînés à notre tour. Une telle analyse pourrait donner naissance à une discussion dans un moment où nous avons surtout besoin de nous appuyer sur des faits et des principes indiscutables. Si nous ne voulons pas être affaiblis par nos divisions il faut unir nos efforts pour trouver une base commune, si solide, qu'elle ne puisse être ébranlée, si large, que tout véritable Américain puisse y trouver place, et si haute, qu'elle nous élève tous au-dessus des questions de races, de sympathies individuelles, d'intérêts particuliers, et de tous les brouillards malsains (*fogs* ou *mists*) que répandent les soupçons réciproques et le doute.

Si nous voulons avoir de l'influence dans les conférences internationales, il est indispensable que nous soyons forts, et si nous voulons être forts, il est indispensable que nous soyons unis. A moins, donc, que nous n'ayons l'ignominie de reculer devant notre devoir, qui est de faire respecter dans le monde notre parole et nos droits, nous devons tous, sans distinction de races, de préférences ou de partis, nous interroger sur ce que nous devons faire, en tant que nation, pour conserver nos droits sur terre et sur mer, et pour assurer la sauvegarde durable de nos libres institutions.

Éliminons donc de la discussion tout ce qui ne concerne pas notre existence nationale, pour concentrer notre attention sur cette question vitale.

Il y a certains principes fondamentaux que tout Américain qui réfléchit n'hésite pas à accepter. Parmi ces principes se trouvent les propositions suivantes : Le gouvernement existe pour les gouvernés. Un gouvernement juste est fondé sur le droit de tous les individus à la vie, à la liberté et à la poursuite du bonheur. En conséquence, les gouvernements, dans leurs relations entre eux, doivent reconnaître ces droits. Tous les gouvernements, par respect pour les droits de l'humanité, doivent régler leur conduite sur des lois équitables, librement adoptées et fidèlement exécutées.

Ce simple *Credo* n'a besoin, ni de commentaires, ni de justification. En ce qui concerne la politique extérieure, il est le thème sur lequel tous les bons citoyens des Etats-Unis peuvent se mettre d'accord, quelles que soient leur origine ancestrale et leurs convictions de parti. Il résume nos droits innés et contient une vérité sacrée. Il est l'aimant qui a attiré sur nos côtes les opprimés de tous les pays. Il a fait de nous un peuple grand, prospère et puissant. Nul véritable Américain ne consentirait à lui retirer son appui, et n'hésiterait à verser jusqu'à la dernière goutte de son sang pour le sauver, s'il le voyait menacé de disparaître.

En tant que peuple nous avons pris l'habitude de défendre ces principes en toute occasion et autant que nous le pouvions. C'est ainsi que nous avons agi en Chine, à Cuba et dans les Philippines, où nous avons pris sous notre tutelle des populations, encore dans l'enfance au point de vue politique, et où nous avons cherché à poser à leur profit des fondements de gouvernement autonome. Nous avons pris la défense de ces principes et avons demandé le règlement par un tribunal neutre, de tous les différends internationaux, lors des deux conférences générales de La Haye. Dès le début, nous avons plaidé pour la restitution de toutes les prises faites sur mer aux dépens de la propriété privée, alors même que celle-ci appartiendrait à des membres d'une nation belligérante. Equité et humanité ont été les deux mots d'ordre de notre diplomatie, et nous avons lutté pour défendre ces mots d'ordre.

Mais nous avons parlé dans le désert. Sur un point ou sur un autre, le monde entier, ou à peu près, s'est déclaré contre nous, et, selon toute apparence, il continuera à contrecarrer tous nos efforts pour régler d'une façon complète les droits des neutres. Lorsque nous descendons du monde des idées dans le monde des faits, nous découvrons que, nulle part, les droits des peuples n'ont été respectés quand ils n'étaient pas appuyés par la force des armes ; que les engagements les plus solennels sont partout menacés par l'esprit de conquête ; que la faiblesse comme la richesse sont des proies offertes à la déprédation ; que les prétendues démocraties elles-mêmes sont conduites parfois par des instincts de rapine ; que des empires entiers ont dû leur fondation à des annexions de territoires ; et qu'enfin, « le gouvernement du peuple, par le peuple et pour le peuple » ne subsiste que là où il y a des armes pour le défendre. L'élément vraiment néfaste de la politique internationale, c'est l'esprit impérialiste. Il a planté son drapeau sur toutes les îles et dans toutes les mers de l'Océan. Il a découpé l'Afrique en morceaux et en a fait un manteau d'Arlequin dont chaque carré est une colonie européenne. Il a prétendu changer la carte de l'Asie, et même celle de l'Amérique, et il tient ces cartes en réserve pour les publier dès la prise de possession du pays par ses troupes. Son mot d'ordre à lui, c'est : « domination » : domination par tous les moyens qui seront jugés nécessaires. Ses cuirassés et ses forces expéditionnaires sont comme des tentacules qui s'empareront de la proie rêvée. Et, ensuite, les forteresses et les garnisons se chargeront de rendre cette proie assimilable.

Avant que n'éclate le conflit actuel, il était difficile, malgré des preuves manifestes, d'amener les honnêtes gens des Etats-Unis à croire des choses pareilles. Et même, à présent encore, nos amis pacifistes n'acceptent qu'avec répugnance une vérité si indigeste. Mais ils commencent enfin à comprendre que la soif de la domination et l'idéal de justice sont en lutte, comme par le passé, et qu'en présence d'un canon de quarante-deux centimètres de diamètre, de mitrailleuses, de tirailleurs de tranchées et de projections de gaz asphyxiants, leurs raisonnements, quelque logiques qu'ils soient, ne servent pas à grand chose. Les plus sérieux d'entre eux arrivent à cette conclusion inattendue que, si la paix doit régner un jour sur la terre, il faut d'abord que tout recours arbitraire à la violence rencontre une force armée organisée pour lui répondre.

La phase actuelle de l'évolution du pacifisme trouve son expression dans *la Ligue pour imposer la paix* (1), c'est-à-dire pour l'imposer par la force des armes. Un concours de forces travaillant ensemble au main-

1. *The League to Enforce Peace.*

tien de la justice entre les hommes pourrait, certes, avoir une grande utilité. Mais l'idée d'un tel plan provoque des réflexions qui demanderaient à être mûries.

Etant donné que l'impérialisme et la démocratie entendent les relations internationales de deux manières diamétralement opposées, ces deux modes de gouvernement peuvent-ils collaborer au maintien de la paix? Rien, à coup sûr, ne s'oppose à ce que des empires et des républiques forment entre eux des alliances offensives et défensives et agissent de concert, tant que leurs intérêts coïncident. Mais ces puissances peuvent-elles s'engager mutuellement à se faire la guerre, le jour où l'une d'elles aurait manqué à l'engagement d'attendre un an la solution pacifique d'une dispute ou d'une insulte quelconque? Est-il vraisemblable qu'une puissance impériale, voyant ses plans contrariés

13

par ceux d'une autre nation, consente à s'en remettre docilement à l'arbitrage, ou à attendre le verdict d'un tribunal neutre, lorsqu'il semble d'avance qu'elle ait toutes les chances possibles d'être condamnée ? Accepterait-elle d'accorder à la puissance adverse un répit d'un an, permettant à celle-ci de se préparer à la lutte pour le cas où le tribunal conclurait qu'elle a le droit de se venger par les armes ? Pour répondre affirmativement à ces questions, il faudrait supposer que la conception impérialiste de l'Etat va subitement se modifier, et de cela nous n'avons pas le moindre indice.

Peut-on admettre, d'un autre côté, qu'une République ferait sagement de s'en remettre absolument aux décisions des puissances impériales, et de s'engager pour l'avenir à n'entrer dans aucune guerre sans savoir d'avance quelles en seront les conséquences ?

Peut-on admettre, surtout, qu'elle ferait bien de placer sa propre armée sous la protection d'une armée internationale, qui pourrait, par suite de quelque violation de la justice, travailler contre ses intérêts ?

Mais il y a une autre considération à laquelle nous devons nous arrêter malgré notre attachement à la paix universelle. L'idée de paix universelle est une idée abstraite, qui n'a aucune valeur morale en dehors de la question concrète du juste et de l'injuste, laquelle, on l'admet, ne peut pas toujours être résolue sans l'intervention d'une force prépondérante. De quelle nation pourrait-on attendre qu'elle fît du concept purement négatif de paix universelle son idéal le plus noble, tant qu'elle ne jouit pas de sa pleine liberté, tant qu'elle n'est pas en état de se défendre elle-même, et tant que les droits de l'humanité sont piétinés et traînés dans la poussière sur quelque point du globe ? Si elle le faisait, le monde, alors, serait exposé à tous les outrages, et l'on serait en droit de dire que l'humanité est tombée dans la décadence et l'abjection.

Non, il ne saurait y avoir de paix universelle tant que la justice universelle ne régnera pas dans le monde.

Ce que doivent chercher les citoyens américains, ce n'est pas le moyen de pacifier le monde : celui-ci continuera à se battre tant qu'il y aura du mal à combattre ; mais c'est le moyen de faire savoir à l'univers qu'il existe un pays où le respect idéal des droits de l'humanité est placé au-dessus d'une complicité passive à l'emploi de la force brutale ; et qu'il existe des citoyens ne craignant pas, à l'occasion, d'exercer une protection nationale avec laquelle on est obligé de compter.

Il est certain que la paix ne pourra pas

s'établir tant que le brigandage et la conquête impériale seront considérés comme des moyens légitimes de faire de bonnes affaires ; et qu'elle ne sera définitive que le jour où de semblables entreprises se heurteront à une résistance armée qui les rendra trop hasardeuses pour être encore avantageuses. Si ce résultat est obtenu, elles disparaîtront d'elles-mêmes, tout comme la piraterie en haute mer et les acquisitions illicites ont disparu. Mais, seule, la force armée placée sous le contrôle du pouvoir civil, peut être capable de réaliser un tel programme.

Ce serait une illusion de croire que l'innocence et la modestie d'une nation faible suffisent à la protéger. Tout le monde sait qu'aux Etats-Unis nous n'avons pas d'intentions belliqueuses, mais cela nous garantirait-il contre les injures et les dommages possibles ? L'alternance de menaces retentissantes et de protestations d'amitié d'une sincérité douteuse est un régime malsain pour une nation faible, divisée avec elle-même, et peu préparée à agir. Le fait que sa population se montre offensée, indignée, et cependant trop attachée à la paix pour exprimer franchement son opinion n'ajoute rien à sa sécurité. L'Europe ne faisait pas grande attention à nous, il y a quelques mois. Mais combien d'amis y aurions-nous encore comptés et quelle considération aurions-nous pu espérer y rencontrer, le jour où, la paix et l'harmonie rétablies, elle aurait recommencé à s'occuper de nous ?

Dans le passé, c'étaient nos libertés et nos institutions démocratiques, et non nos intérêts matériels qui étaient l'objet principal de nos préoccupations. Nous n'avons jamais craint d'exprimer notre sympathie pour les peuples opprimés. N'est-il pas étonnant qu'il ait fallu que nous nous croyions personnellement menacés de nouveaux dangers pour nous émouvoir de la situation internationale ? N'oublions pas que la loi internationale est *notre* loi, et que nous ne pouvons y rester indifférents. Quiconque la viole nous offense indirectement, en même temps qu'il offense toute l'humanité. Toute atteinte à cette loi est une atteinte à la civilisation ; et le fait que nous nous abstenions de la défendre résolument et sans crainte des risques à courir, aurait dénoté chez nous un état déplorable de dégénérescence morale.

Ce n'est pas une invasion que nous avions principalement à redouter — Dieu nous garde de devenir jamais assez nonchalants pour en arriver là ! — Mais il s'agissait pour nous de maintenir notre droit de traverser innocemment l'Océan et d'y exercer un libre commerce ; il s'agissait de conserver intacts les remparts invisibles qui gardent nos libertés et nous assurent notre autonomie sur ce continent. Depuis la fondation de notre gouvernement, nous avons constamment, et souvent malgré de grandes difficultés, défendu ces droits et ces remparts. Nous n'avons pas attendu d'être envahis pour faire de l'invasion de notre territoire une dangereuse entreprise. Dans les grandes occasions, nos pères, en général sans y avoir été spécialement préparés, ont rempli courageusement leur devoir national. Au temps de notre faiblesse, la « Sainte Alliance » se préparait à réduire à la dépendance coloniale les Républiques américaines qui avaient secoué le joug de l'Espagne. Ces dernières élevèrent la voix pour protester, et leur protestation fut entendue. Lorsque Napoléon III envoya un archiduc autrichien pour établir un empire au Mexique, près de nos frontières, de nouveau une voix s'éleva pour protester et les soldats des Etats-

Unis, ces mêmes soldats qui avaient sauvé l'Union et qui, depuis lors, avaient été licenciés, étaient prêts à reprendre les armes et à marcher, en cas de nécessité, pour défendre nos voisins contre la domination impériale.

Tous les arguments qui ont été employés contre le militarisme, quand on y a vu un danger menaçant pour les Etats-Unis, pourraient aussi bien être employés contre le patriotisme. Personne ne voudrait, chez nous, prendre la parole en faveur du régime militariste. Nos instincts, nos habitudes, nos intérêts, et, principalement, notre conception de la nature de l'Etat s'y opposent. Nous n'avons point de visées militaires. En tant que peuple, nous sommes hostiles au régime militaire. Nos armées, quelque petites qu'elles soient, n'ont jamais atteint leur contingent normal que dans les moments de crise. Toujours, la crise écartée, officiers et soldats, heureux de voir qu'on n'avait plus besoin de leurs services, se sont fondus silencieusement dans la population civile comme une plaque de neige dans la mer, et ont pris leur part de l'activité commune.

Aucun de nos grands soldats, y compris Washington, Grant, Sherman et tous leurs collaborateurs, ne s'est fait l'avocat du militarisme. Adopter le militarisme, qu'il vienne du dedans ou qu'il vienne du dehors, n'est ni dans nos idées, ni dans notre tempérament. Mais ce n'est en aucune façon s'acheminer vers le militarisme que d'admettre que tout Américain jeune et bien portant doit, en premier lieu, être instruit de la signification et de la valeur de nos institutions libérales, et du respect qu'il doit à l'autorité du gouvernement ; et qu'il faut lui apprendre, en second lieu, à considérer comme un privilège et un devoir de se préparer, corps et âme, à défendre ces institutions et ce gouvernement. La ferme résolution qu'il aura d'agir ainsi donnera à réfléchir aux puissances qui se disposeraient à léser les droits des citoyens américains des générations présentes et futures.

C'est parce que nous nous croyions à l'abri des dangers, sur terre et sur mer, qu'il nous fallait une idée morale pour éclairer notre patriotisme.

Adoptons donc cette devise : « L'Amérique d'abord », *America first;* en entendant par là, non que nous avons le droit de dominer les autres, mais que nous devons guider l'humanité vers une vie mieux assurée, plus noble, moins cruelle, où la fraternité sera plus réelle, plus élevée et plus sincère. Nous avons un rôle à jouer dans la rédemption de l'humanité et dans la recherche d'une meilleure organisation du monde. Jouons ce rôle sans nous montrer trop fiers d'avoir tout simplement fait notre devoir, et, surtout, jouons-le sans crainte.

CHAPITRE VI

LE DEVOIR DE LA DÉFENSE NATIONALE

Si nous voulons discuter avec profit la question de la défense nationale, il importe que nous éliminions de la discussion toute autre question ne se rapportant pas directement au sujet. Or ce départ est très difficile à faire, pour la raison que nos esprits sont encombrés de maintes considérations qui influencent notre action sans intéresser aucunement une décision qui est, d'autre part, nécessitée par les circonstances. Ce qu'il nous faudrait, avant tout, c'est une éducation intellectuelle nous permettant d'aborder, d'examiner et de résoudre par des actes la question de la défense nationale, avec une conscience claire de notre devoir immédiat.

Nous sommes parfaitement convaincus que la guerre est une horrible calamité ; que nous devons l'éviter par tous les moyens honorables ; que le meurtre de l'homme par l'homme est indigne de la nature humaine ; qu'en renonçant complètement aux armements, on pourrait rendre toute guerre sanglante impossible ; que les grandes armées de terre et de mer font retomber sur le pays qui les entretient la charge de lourds impôts ; que l'argent qu'on y consacre pourrait plus utilement être employé pour l'éducation, pour la recherche scientifique, ou pour soulager les misères de ceux qui souffrent ; qu'une force prépondérante n'est pas toujours la condition suffisante de la justice parfaite ;

que le meilleur moyen de mettre fin aux différends internationaux est l'arbitrage ; que les différentes nations devraient établir une Cour internationale de justice, et lui soumettre leurs malentendus ; qu'une police internationale suffirait à maintenir la paix et l'ordre ; et qu'enfin, si l'on adoptait des principes de justice et de fraternité, la guerre deviendrait tout à fait inutile.

Peu d'entre nous se montreraient disposés à combattre ces propositions, et il est possible, en effet, qu'elles soient toutes susceptibles d'être démontrées d'une façon concluante. Le point important, toutefois, est qu'elles n'ont rien à voir avec cette question positive : telle nation, actuellement, doit-elle se préparer à défendre son territoire contre l'invasion, ses citoyens contre le pillage et l'assassinat, ses droits de neutre à faire le commerce sur les hautes mers, et son privilège d'exprimer librement ce qu'elle pense au sujet des droits de l'humanité ?

Il est désirable, par conséquent, que, lorsqu'on discute une des graves questions de notre politique nationale, on ne se plaise pas à nous obscurcir l'esprit, à nous faire dévier de notre ligne droite en faisant appel à notre sensibilité, et, surtout, qu'on ne cherche pas à répandre chez nous cette idée, que, si nous sommes favorables à la défense nationale effective, nous sommes, par là même, moins soucieux des fins les plus élevées et des aspirations les plus nobles de la nature humaine. Nous devons tous nous unir de cœur, ainsi que quelques-uns d'entre nous l'ont déjà fait, pour plaider en faveur de la justice universelle, et, s'il se peut, de la paix universelle. Pour mon compte, je suis persuadé qu'il existe une grande route conduisant à la paix, mais on n'y accède que par la porte étroite de la justice internationale. En attendant que nos aspirations communes à la paix et à la justice soient complètement réalisées, nous continuerons à avoir à résoudre le problème du devoir national, que nous ne pouvons pas esquiver sans faillir à l'honneur.

Il résulte de la conception américaine de l'Etat que le premier devoir du gouvernement des Etats-Unis est de protéger la vie et la propriété des citoyens américains, en quelque lieu que les ait conduits l'exercice légitime de leur commerce.

Le devoir qui incombe à l'Etat, de protéger les droits de ses citoyens est la pierre angulaire de la démocratie américaine. C'est là le rôle par excellence de l'Etat ; et c'est de la ferme résolution qu'il a de remplir fidèlement sa mission, que l'Etat tire son droit à l'existence. Ce devoir est le fondement de notre édifice politique tout entier, et nous ne pouvons pas, sans nous déjuger, admettre qu'il soit remis en question. Il est exprimé solennellement dans notre Constitution fédérale, comme le principal objet de cette « Union plus parfaite », qui s'est établie chez nous, essentiellement en vue de la « défense commune », non seulement des citoyens d'un Etat donné, mais du peuple américain dans son ensemble, au nom duquel agit le gouvernement. C'est pour cette raison que les impôts, les taxes d'importation et les contributions indirectes sont votés et payés par le peuple de l'Union. En dehors de cette protection qu'elle assure à la personne de tout citoyen, la Constitution des Etats-Unis garantit, par un article spécial, à chacun des Etats, une forme républicaine de gouvernement et une protection en cas d'invasion.

Si notre gouvernement a négligé son devoir primordial, et si quelques-uns de nos compatriotes, absorbés par le soin de leurs propres affaires, l'ont oublié ou considéré avec indifférence, le moment est venu de nous alarmer de la décadence nationale qu'impliquent un tel abandon et une telle indifférence.

Il est possible qu'il faille dépenser une certaine somme de peine et d'argent pour sauvegarder la vie et la propriété des citoyens américains dans des contrées à demi barbares, ou sur les océans, qui sont comme les routes communales de toutes les nations. Mais cet inconvénient ne saurait dispenser notre gouvernement de l'obligation de protéger ses citoyens.

Il serait absolument intolérable d'alléguer comme excuse à une telle faute qu'étant pauvres ou faibles ou sans défense ou déjà morts, quelques-uns d'entre eux doivent être sacrifiés et offerts en holocauste, afin d'assurer la paix de la Nation dans son ensemble ;

et que, dans l'intérêt de l'Union, le mal qu'ils ont subi doit être passé sous silence, dissimulé ou oublié.

Une telle conduite dénoterait une dégradation morale de notre vie publique et de notre vie privée, qui obligerait tout bon Américain à rougir de son pays.

Et, pourtant, l'absence de protection à l'égard de nos concitoyens serait une conséquence logique de cette opinion suivant laquelle la loi fondamentale de la Constitution des Etats-Unis devrait être revisée, et suivant laquelle les individus ne possèderaient pas ces droits naturels et inaliénables que le gouvernement ne peut pas ignorer, et que les majorités ne peuvent pas abolir. Si les droits de l'individu sont un don gratuit du gouvernement et n'existent que là où ils ont été expressément ordonnés par la loi, comment l'individu pourrait-il se plaindre le jour où le gouvernement lui retire sa protection, sous prétexte qu'elle lui devient gênante, à lui, gouvernement ? Et s'il n'existe pas de droits naturels, si tous les droits sans exception sont l'œuvre des majorités, pourquoi trouverait-on illogique qu'un petit nombre d'infortunés citoyens fussent sacrifiés au bien de la communauté ? Pourquoi le peuple heureux et satisfait des Etats-Unis, c'est-à-dire cent millions d'Américains, environ, s'exposeraient-ils aux risques et aux dépenses d'une guerre formidable pour défendre les droits d'une méchante centaine de leurs concitoyens : hommes, femmes, quelques enfants, même, tués et broyés par une explosion ou impitoyablement noyés, sans que personne fît un effort pour les sauver, alors qu'ils naviguaient paisiblement, en pleine mer, sur des bateaux non armés ? Et pourquoi un grand gouvernement comme le nôtre se troublerait-il au sujet de quelques autres centaines de citoyens américains chassés hors de leurs demeures et assassinés sur la voie du salut, quelques-uns même au seuil de leur pays, dans les coupe-gorges du Mexique ?

Sans doute, la nouvelle philosophie politique, dont nous avons indiqué les étapes dans les premiers chapitres de ce livre, justifie pleinement ces conclusions. Si les majorités ont des droits illimités, et si les minorités ne possèdent pas d'autres droits que ceux qui leur sont généreusement accordés par la volonté des majorités, le seul parti raisonnable qu'un Américain puisse prendre, est d'abandonner tranquillement, d'avance, tous les droits que jusque-là il avait cru posséder, et d'accepter avec soumission et reconnaissance la part que la force supérieure voudra bien encore lui attribuer.

Si telle était, vraiment, la disposition des Etats-Unis, il serait parfaitement superflu de poursuivre cette discussion au sujet de la défense nationale. Si l'esprit de notre peuple était à ce point faussé par le sybaritisme et par les beaux rêves du socialisme, que chaque individu en arrivât à contester, et même à nier l'existence des droits naturels de tous les autres citoyens, s'il se développait chez nous ce faux altruisme qui compte, véritablement, l'individu pour rien, il semble, par suite, que nous n'aurions plus aucune raison valable pour empêcher l'ennemi de s'emparer de notre pays. Car, qui sait? peut-être sa présence chez nous réveillerait-elle au fond de notre conscience une faible réminiscence de nos vertus viriles d'autrefois.

Mais cette supposition est inutile. Nous sommes en train de sortir d'un véritable état cataleptique. Nous avions concentré toute notre attention sur notre situation économique, au point d'être hypnotisés par cette question. Nous en étions arrivés à tout considérer au point de vue du rendement matériel. Nous refusions de consentir à la préparation militaire, pour la simple raison qu'elle coûte trop cher. La préparation militaire, disions-nous, entraîne l'augmentation des impôts, donne naissance à des entreprises industrielles dépourvues d'utilité pratique, détourne le travail des entreprises lucratives, et continue indéfiniment à nécessiter des crédits de plus en plus considérables. Or il serait beaucoup plus sage d'attribuer les mêmes sommes à l'établissement de grandes voies de communication, à des recherches scientifiques, à l'éducation de la jeunesse, et à la philanthropie publique sous une forme quelconque.

Serions-nous donc insensiblement tombés

au rang de machines à inventorier des produits économiques et à encaisser des sommes? Comment, autrement dit, une obligation morale essentielle pourrait-elle être mise en balance avec une question d'argent? Il est certain, disait-on, que nous pourrions protéger la vie et la propriété de nos concitoyens, si cela coûtait moins cher et si nous avions l'espoir de rentrer dans notre argent; ou bien, par exemple, si nous étions bien sûrs que le Mexique n'est pas assez fort pour l'emporter sur Haïti. Mais, si la préparation de la défense nationale doit réclamer des frais relativement considérables, si, particulièrement, elle est de nature à nous entraîner dans une guerre défensive, ne serait-il pas préférable, suggérait le contradicteur, de nous montrer décidés à maintenir la paix, quelles que fussent les offenses qu'on nous infligeât, ou, à tout le moins, d'attendre pour nous préparer à la guerre que nous ayons été attaqués ? C'est ainsi que, fermant volontairement les yeux, afin de ne point voir les dangers qui la menaçaient et le devoir qu'elle avait d'affronter ces dangers, la Nation s'est arrêtée pour se demander ce qu'elle allait faire, exactement comme un petit garçon qui va à la foire du village avec un shilling dans sa poche, et cherche anxieusement ce qu'il peut avoir de mieux pour son argent.

La propagande pacifiste que l'on faisait chez nous est en partie responsable de cet état d'esprit. Elle a contribué à dissimuler sous un étalage de sentiments d'une haute moralité les bas calculs de ceux qui combattaient la préparation défensive. De grandes et riches organisations, ayant à leur tête des hommes capables, ont rempli le pays d'une littérature qui condamnait la guerre sous toutes ses faces, mettant en saillie, non seulement les dépenses qu'elle supposait, mais ses cruautés, son inutilité et son caractère criminel.

Des exhortations invitant au désarmement ou, au moins, à la limitation des armements étaient largement répandues dans tout le pays, et même dans le monde entier. Bien que cette propagande n'eût guère eu d'effet qu'aux Etats-Unis, la conviction s'était établie chez nous que la guerre devait être évitée dans tous les cas possibles. Des orateurs éloquents, des écrivains jouissant d'une grande popularité nous avaient enseigné avant le grand conflit européen que la guerre était devenue virtuellement impossible. La conclusion qu'on en tira fut que la préparation militaire, alors même qu'elle ne viserait que la défense nationale, était devenue parfaitement oiseuse ; que, fatalement, elle compromettrait notre réputation comme puissance pacifique, en même temps qu'elle compromettait la cause de la paix universelle.

Tant que ce mouvement garda le caractère d'une campagne purement philanthropique, s'adressant au bon vouloir des hommes de tous les pays et tendant à persuader aux nations qu'elles devaient s'en remettre à une juridiction internationale plutôt qu'aux armes, pour régler leurs différends, il rencontra aux Etats-Unis une approbation méritée et presque unanime. On ne lui adressa qu'une critique. On fit remarquer que l'accent devait être placé sur le mot : justice, plutôt que sur le mot : paix. On objecta que ces grandes fondations dépensaient leur énergie pour la défense de plans enfantins de désarmement, n'ayant aucune chance de succès : et on déclara qu'elles devraient s'employer à favoriser la justice universelle plutôt que la paix universelle, puisque la paix sans la justice est impossible, et que, si elle était possible, ce serait la fin du règne de la morale dans le monde.

Cependant, lorsqu'avec le temps, la campagne contre la préparation à la défense du pays par les armes dégénéra en une tentative pour influencer notre législation dans le même sens, ce qui avait été jusque-là un simple mouvement digne d'encouragement, devint une source de danger public. C'est à ce moment que le pacifisme politique prit naissance. Le pacifisme philanthropique devint ainsi la mieux organisée, la plus riche et la plus active des forces directrices de la politique nationale. Un discours en faveur des bateaux de guerre aboutissait fatalement à la perte d'un siège au Congrès. La popularité dont jouissaient les grandes organisations pacifistes était un élément important de succès dans les élections.

Les membres de notre gouvernement ne

tardèrent pas à reconnaître la puissance de cette influence. Des traités d'arbitrage, sans égard pour l'honneur et les intérêts vitaux du pays, devinrent à la mode. Ces traités eux-mêmes ne satisfaisaient pas les apôtres de l'ultra-pacifisme. La guerre, selon ceux-ci, devait être rendue absolument impossible. Il fallait imposer à l'action militaire de tels délais, qu'elle en arrivât à perdre toute valeur.

Des hommes sérieux et expérimentés, au courant de ce qui se passait dans le monde, étaient effrayés de cette aventure. Ils firent des objections, mais ce fut en vain. Le pays tout entier suivait le mouvement, et le prix Nobel encourageait l'émulation dans la pieuse tâche de travailler pour la paix.

Dès qu'il fut entré dans le domaine de la politique pratique, le pacifisme ne tarda pas à devenir officiel. Les traités se multiplièrent, et tous affirmaient que les Etats-

Unis étaient résolus à éviter la guerre coûte que coûte. Toutes les nations, grandes et petites, furent conviées par notre gouvernement au banquet de la paix. On raconte qu'un grand personnage officiel affirma un jour que, tant qu'il serait au pouvoir, la guerre n'éclaterait pas.

Il n'y avait pas de mal en soi dans ces intentions pacifiques. Mais il régnait chez nous une lamentable ignorance au sujet des conséquences qu'elles ne pouvaient manquer d'entraîner. Nous en avons eu des preuves suffisantes.

Si notre attitude n'avait point été équivoque, si nous avions dit franchement : « Nous visons au maintien de la paix. Mais notre pays ne saurait rester amical envers une nation qui ne traite point nos concitoyens avec justice, et nous sommes décidés à protéger partout, en y employant toutes nos ressources, la vie et la propriété des citoyens américains », alors la situation eût été différente. Le fait est que des atrocités ont été préméditées et délibérément exécutées, avec l'idée que nous irions peut-être jusqu'à les blâmer, mais que, jamais, nous ne nous résoudrions à rompre avec ceux qui les infligeaient à nos compatriotes. C'est ainsi que le zèle excessif que nous apportions au maintien de la paix et le sens émoussé de nos devoirs à l'égard de nos propres concitoyens nous ont fait hésiter, quand il s'est agi de reconnaître la nécessité d'une guerre, qui, en fait, nous était imposée par les agressions du gouvernement impérial allemand.

L'expérience que nous avons faite pourra devenir un bienfait pour notre peuple. Elle nous aura appris que, quelles que soient nos intentions pacifiques, nous ne pourrons jouir de la paix, tant que l'esprit agressif de l'impérialisme allemand restera ce qu'il est.

Jusqu'ici nous nous étions presque entièrement désintéressés des plans, des intentions et de l'esprit des autres nations. Nous avions eu l'orgueil de nous imaginer que nous étions une puissance mondiale, sans nous demander si, réellement, nous étions devenus une force mondiale.

Il nous fallait apprendre que nulle nation ne peut suivre une politique particulière et arbitraire, sans égard pour la politique des autres nations, à moins qu'elle ne se sente d'avance plus forte que toutes les coalitions qui pourraient se former contre elle. Une nation doit choisir entre trois alternatives lors des crises diplomatiques ; ou bien être seule de son opinion et la défendre avec une suprématie incontestée ; ou bien se joindre aux autres, et obéir à leur volonté ; ou enfin, se tenir à l'écart, réduite à l'impuissance sinon à l'humiliation, et laisser les autres agir comme elles l'entendent.

Il y a toujours plus de raisons de faire la paix qu'il n'y en a de faire la guerre. Mais lorsque, chez un peuple, les passions prennent la place d'une politique judicieuse et à longue portée, lorsque sa faiblesse invite les autres peuples à l'attaquer, alors une très mauvaise raison peut finalement faire prévaloir la guerre, en l'emportant sur toutes les bonnes raisons qui plaident pour la paix. Il est certaines conditions qu'un peuple fier ne peut pas accepter, même s'il est partisan de la paix. Et le plus grand danger, est que, sans avoir été préparé à défendre ses droits, il se mette tout à coup à exiger ce qu'il n'est pas en état d'obtenir.

Aussi longtemps qu'une nation reste considérée comme une force avec laquelle il faut compter, son avertissement est entendu. Mais, si elle n'adopte pas une politique qu'elle soit prête à défendre résolument, elle cesse d'avoir de l'influence au point de vue international. Et lorsque l'opinion qu'elle a d'elle-même diffère sensiblement de l'opinion qu'en ont les autres, elle se trouve exposée aux plus grands périls, car elle a cessé d'être inoffensive sans acquérir les moyens de se défendre. Enfin, si elle n'est pas capable de transformer sa richesse en force militaire, cette richesse, si grande soit-elle, ne la garantit pas contre une agression. Tout au contraire, elle excite les convoitises et pourra devenir une cause d'attaque, l'adversaire se proposant d'exiger des avantages matériels pour l'avenir en en faisant une des conditions de la paix.

Notre principal moyen de défense n'est pas, comme on le dit parfois, notre marine :

c'est notre diplomatie. La diplomatie est pour une nation ce que les organes des sens sont pour le corps humain. Sa fonction consiste à avertir le gouvernement des dangers qui le menacent, et à lui indiquer comment il peut y faire face. Si notre diplomatie est étroite, capricieuse, négligente ou ignorante, elle ne pourra nous offrir aucun soutien. Au contraire, elle pourra nous entraîner dans une foule de périls imprévus.

Durant la plus grande partie de notre existence nationale, nous nous sommes tenus relativement à l'écart des conflits européens ; mais le progrès des relations transatlantiques a mis fin à notre isolement géographique. La maîtrise des mers a fait de toutes les nations des voisines. Nous n'avons pas de défenses naturelles. Nous possédons un territoire très étendu, présentant des milliers de milles de côtes accessibles le long de deux Océans. Or nous ne devons pas oublier que nous avons assumé les responsabilités d'une puissance mondiale, ayant des îles placées sous sa dépendance, un isthme percé d'un canal, des citoyens répandus dans tous les pays civilisés du globe et même dans quelques pays semi-barbares pour y faire honnêtement leurs affaires, en servant bien souvent, par la même occasion, les intérêts nationaux. Pouvons-nous donc, au nom d'un idéalisme transcendant, nous dispenser, en tant que nation, d'agir en pleine connaissance de ce qui se passe dans le monde et du point où cela nous touche? A moins que nous n'ayons à notre disposition une diplomatie intelligente et vigilante, nous continuerons, vraisemblablement, quelles que soient les ressources de notre pays, à être privés de la préparation qui nous serait nécessaire pour faire face aux éventualités de l'avenir.

Il s'est développé sur ce continent un système de gouvernement autonome ayant pour fondement les droits naturels et inaliénables de l'individu. Il a fallu dépenser beaucoup d'héroïsme pour constituer cet héritage et pour nous le conserver. Lorsque survient une arrogante autocratie, qui prétend gouverner le monde avec des armées parfaitement équipées et comprenant des millions d'hommes ; lorsque l'Asie est désignée pour être l'objet d'un prochain partage et se trouve soumise dès à présent à des influences étrangères ; lorsque la carte d'Afrique est devenue un tissu de colonies européennes ; lorsque chaque île, chaque mer est comme une pièce d'échec aux mains des joueurs qui se disputent l'empire ; lorsqu'un grand nombre des Républiques américaines sont regardées comme des champs d'exploitation offerts à l'avidité impériale, et se trouvent être relativement sans défense; comment pourrions-nous, raisonnablement, espérer sauver notre glorieuse démocratie, si nous n'avons pas les moyens de la protéger?

Pour éviter toutes les complications qui pourraient surgir dans l'avenir, il sera nécessaire que nous adoptions un programme de politique étrangère, et que nous soyons prêts à nous unir pour défendre ce programme. Quelle politique suivrons-nous?

Notre politique aura forcément un côté négatif et un côté positif,

Nous ne désirons pas nous annexer de territoires étrangers; nous n'avons aucun projet de conquête; nous ne souhaitons pas nous mêler des affaires intérieures de nos voisins; nous ne visons pas à acquérir des concessions exclusives dans les autres pays; nous ne prétendons pas imposer notre autorité là où il existe un gouvernement responsable : voilà pour le côté négatif.

Nous désirons vivre en paix avec toutes les nations fondées sur la justice, l'honneur et le respect des traités ; nous souhaitons que les revendications des Républiques américaines soient réglées juridiquement avant qu'elles en viennent à s'appuyer sur la force ; nous réclamons la liberté d'exercer en pleine mer un commerce inoffensif ; nous entendons que la vie et la propriété des citoyens américains soient partout respectées ; nous reconnaissons tout gouvernement qui, dans sa juridiction, protège effectivement ces droits, et n'accordons notre confiance à aucun gouvernement qui se montre incapable d'assurer une telle protection ; nous sommes prêts à négocier des conventions pour l'établissement solide de lois internationales, mais nous nous engageons à n'entrer dans aucune alliance officielle, ni dans aucun arrangement nous obligeant à faire la guerre à une nation quelconque, ou dans l'intérêt d'une nation quelconque; en revanche, nous entendons rester libres de nous unir à d'autres nations pour collaborer au maintien de la paix et veiller à l'exécution de la loi internationale : voilà pour le côté positif.

Serons-nous capables de suivre jusqu'au bout une telle politique? Nous ne le pourrons, en tout cas, qu'en étant assez forts pour que tous ceux qui voudraient nous chercher querelle aient intérêt à respecter nos positions.

Nous sommes bien convaincus que le problème le plus embarrassant qui se pose aujourd'hui à la civilisation est, et demeurera tant qu'il ne sera pas résolu, de mettre fin à la violence, soit qu'elle vienne de hordes barbares, soit qu'elle résulte de l'ambition impériale ; et d'établir, sous le règne de la loi, des droits égaux pour toutes les nations, grandes ou petites. La solution de ce problème est de première importance pour la civilisation, et nous avons le devoir de travailler à l'établir.

Dès que les citoyens américains eurent eu le temps de se rendre compte du caractère et de la gravité des événements actuels, l'action ne pouvant souffrir aucun délai, leur décision fut prise. L'appel au devoir signifiait pour eux un appel au sacrifice, mais le sacrifice les ennoblira.

Jamais le peuple des Etats-Unis ne pourra admettre la création d'une armée qui serait conçue comme une machine de guerre n'ayant aucune responsabilité, dont le premier objet serait de tuer des hommes et le mobile principal l'amour de la gloire. Ce qu'il veut, c'est créer un corps de citoyens préparés pour la défense de la Nation, pénétrés de son esprit et de son idéal, et dévoués à la paix.

Ceci signifie qu'il ne lui suffira pas d'avoir une politique nationale et une armée organisée. Il voudra encore instruire les citoyens-soldats de la valeur et des devoirs de leur fonction. Une telle éducation doit former à la fois l'esprit, le corps, la volonté et le caractère. Elle doit comprendre le maniement des armes et la discipline des camps.

Un million de jeunes gens auront été, cette année pour la première fois, appelés à jouer un rôle dans les destinées du pays. Quelle sera leur attitude ? Ne se diront-ils pas, quand ils auront pris conscience de leur force virile et acquis le sens de leur responsabilité : « Faisons du système constitutionnel d'Etats confédérés, tel qu'il est réalisé aux Etats-Unis, un rempart, un exemple et une raison d'espérer. Ayons foi dans l'avenir du monde » ? Ne déclareront-ils pas au reste de l'humanité : « Nous, Américains, nous avons lutté pour la suprématie de la loi, pour l'établissement d'un tribunal international, pour le caractère sacré des traités, pour les droits des neutres et pour l'inviolabilité de la vie et de la propriété chez des individus inoffensifs ; nous avons combattu les armements et travaillé à les réduire, en agissant à la fois par le précepte et par l'exemple. Maintenant, nous vous le disons : si vous continuez à subjuguer des peuples sans défense et à prétendre dominer l'Univers par la force brutale, nous, du moins, nous ne nous laisserons pas dominer. Si l'on doit continuer à s'armer, si les droits de l'humanité doivent être violés, et si vous établissez le règne de la force, nous sommes résolus à continuer la lutte. Nous lutterons, comme nos pères ont lutté, et pour le même idéal ; et nous ferons en sorte qu'il y ait encore un pays sur terre où la raison et la conscience, la liberté et la loi puissent se réfugier » ?

C'est par le culte de l'idéal qu'une nation peut vraiment atteindre à la grandeur. C'est en maintenant notre idéal que notre peuple, et en particulier nos jeunes gens, assureront, au milieu de la crise qui bouleverse actuellement le monde, les destinées des Etats-Unis.

Quels sont donc les principes qui expriment notre idéal?

Nous avons manifesté dans ces dernières années un grand intérêt pour le progrès social. Nous avons anxieusement cherché quels pouvaient être les obstacles, réels ou apparents, à l'établissement d'une plus grande équité dans la vie américaine. On ne saurait mettre en doute qu'il y ait dans notre pays tout entier, chez la jeune génération, une poussée généreuse d'idées morales, un ardent attachement à la justice et à la loyauté. Mais, pour réagir contre un mal réel, nous nous sommes parfois montrés trop disposés à rendre nos institutions politiques responsables de ce mal, et à vouloir les remplacer par d'autres institutions. Pourtant, tout bien réfléchi, sont-ce vraiment nos institutions ou nos conceptions pratiques de la vie qui sont défectueuses ? Rentrons consciencieusement en nous-mêmes et demandons-nous s'il nous suffirait de voir nos concitoyens bien logés, bien vêtus, bien nourris et pourvus des moyens de se distraire honnêtement, pour que nous nous déclarions satisfaits, alors que, d'autre part, nous serions obligés de nous avouer, en tant que nation, capables d'une lamentable faiblesse, de lâcheté et de vilenie ?

Ne voyons-nous pas que notre peuple a besoin d'un tonique puissant et ne peut se contenter des misérables remèdes que lui offrent ceux qui critiquent la forme de notre gouvernement ? Ils ont fait appel à l'envie que nous inspirent les riches, à notre amour de la domination. Ils nous ont flattés, en disant que nous étions des souverains, et nous ont proposé de se faire nos ministres. Mais à quel moment ont-ils embouché la trompette du devoir envers la nation et nous ont-ils donné l'exemple du sacrifice ?

Pendant des années nous nous sommes prêché mutuellement le nouvel évangile, en nous répétant que nous pouvions réaliser le millenium par nos votes, et le maintenir grâce à de nouvelles méthodes d'impôt. Mais nous avons oublié que le royaume de Dieu est en nous et que sa durée dépend de notre progrès intérieur, non de l'observation du monde extérieur. Que s'est-il produit depuis la guerre hispano-américaine qui ait pu faire comprendre à notre jeunesse qu'elle est, réellement, une partie de la Nation ? Qui lui a expliqué la place qu'elle y tient et le rôle qu'elle y joue ? Et pourquoi ne pas lui faire sentir, au moment où elle commence à comprendre le sens de la vie, à ce moment de l'adolescence où elle cherche une influence qui lui permette de s'élever, pourquoi ne pas lui faire comprendre que, sans elle, la Nation ne pourrait vivre ? Pourquoi ne conserverait-elle pas toute sa vie le doux souvenir d'avoir effectivement servi son pays en s'arrangeant pour le défendre? Pourquoi n'aurait-elle pas jusqu'à l'heure de sa mort, en voyant flotter notre drapeau, un reflet de cette flamme d'enthousiasme dont brûlent tous les vieux soldats qui ont contribué au salut de l'Union.

Nos jeunes gens sauront alors ce que c'est que d'être Américains, et ils deviendront capables de transmettre l'esprit américain à leurs enfants et petits-enfants.

Oui, il y a en chacun de nous autre chose que le désir d'être bien nourri, bien habillé, et d'avoir une bonne situation dans la vie.

Nous sentons bien qu'il existe quelque chose d'infiniment plus grand, d'infiniment plus important que nos appétits et nos désirs. Savoir que nous participons à une vie plus large, que les fins de cette vie supérieure ont le droit de nous diriger, et que nous ne sommes tout-à-fait nous-mêmes que si nous leur obéissons : voilà, ce qui, véritablement, fait de nous des hommes.

Réjouissons-nous de penser qu'il y a dans le monde un mouvement très général en faveur de cette vie plus large, et que l'occasion nous est donnée de partager avec d'autres peuples un sens plus complet de la communauté humaine. Aujourd'hui nos soldats combattent sur la terre de France, de même que, pendant la guerre de l'Indépendance, des soldats de France sont venus combattre avec nous pour nous aider à conquérir notre liberté. C'est notre propre combat que nous livrons, mais c'est en même temps le leur. Car la conception américaine de la liberté ne s'applique pas uniquement à l'Amérique. La liberté de la France, celle de la Belgique, celle de la Serbie nous sont également chères. La conception américaine, telle qu'elle doit être entendue, n'est pas le fait d'une race, d'une situation géographique ou d'un égoïsme national. Elle consiste essentiellement dans le respect des droits naturels et inaliénables de l'humanité tout entière.

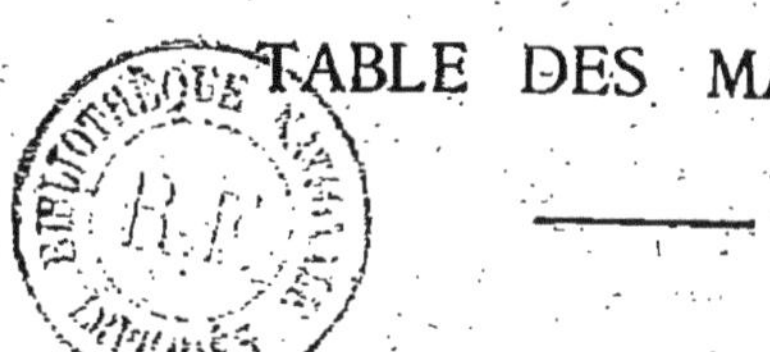

TABLE DES MATIÈRES

Imp. JOUVE et Cie, 15, rue Racine, Paris. — 3626-18.

BIBLIOTHÈQUE POLITIQUE & ÉCONOMIQUE

DANIEL HALÉVY

Le Président Wilson 4 50

J.-L. DUPLAN

Lettres d'un Vieil Américain à un Français . . . 4 50

E. SERVAN

L'Exemple Américain 4 50

VICTOR CAMBON

Notre Avenir 4 50

LYSIS

Vers la Démocratie nouvelle . . . 4 50

Pour renaître 4 50

L'Erreur française 4 50

EDOUARD HERRIOT

Agir. 4 50

VICTOR BORET

La Bataille économique de Demain . . . 4 50

LOUIS FÉRASSON

La Question du Fer . . . . . 3 »

A. GERARD

Nos Alliés d'Extrême-Orient 4 50

JULES ROCHE

Quand serons-nous en République ? . . . 4 50

G. FERRERO

La Guerre Européenne 4 50

BIARD D'AUNET

Pour remettre de l'Ordre dans la Maison . . . 4 50

La Politique et les Affaires 4 50

BARUCH-HAGANI

Le Sionisme Politique 4 50

ANDRÉ LEBON

Problèmes Économiques nés de la Guerre . . 4 50

GEORGES LAFOND

L'Effort français en Amérique latine . . . 4 50

LÉON GUILLET

L'Enseignement Technique supérieur à l'Après-Guerre. 4 50

LÉON ROSENTHAL

Villes et Villages français après la guerre . . . 4 50

Imprimerie Centrale (C. Brélaz), 20, rue Cadet.

www.ingramcontent.com/pod-product-compliance
Ingram Content Group UK Ltd.
Pitfield, Milton Keynes, MK11 3LW, UK
UKHW021049220726
13924UKWH00005B/2063

9 782019 935252